ख़्वाबों का ताना-बाना

ग़ज़ल-संग्रह

ख़्वाबों का ताना-बाना

ग़ज़ल-संग्रह

रतन कुमार श्रीवास्तव 'रतन'

वाणी प्रकाशन

प्रकाशन के उत्कृष्टतम 62 वर्ष

vaniprakashan.com

सजिल्द पहला संस्करण : 2025

वाणी प्रकाशन

4695, 21-ए, दरियागंज, नयी दिल्ली–110002

फ़ोन : +91 1123273167, 23275710

शाखाएँ

अशोक राजपथ, पटना–800004, बिहार

कॉफ़ी हाउस कैम्पस, महात्मा गांधी मार्ग, प्रयागराज–211001, उत्तर प्रदेश

महात्मा गांधी अन्तरराष्ट्रीय हिन्दी विश्वविद्यालय, वर्धा–442001, महाराष्ट्र

sales@vaniprakashan.in
vaniprakashan@gmail.com

Khwabon Ka Tana-Bana
***by* Ratan Kumar Srivastava 'Ratan'**

ISBN : 978-93-7112-378-5
Ghazal Collection

मूल्य : ₹ 495

आर. टेक ऑफ़सेट प्रिंटर्स दिल्ली-110095 में मुद्रित

वाणी प्रकाशन का लोगो मक़बूल फ़िदा हुसैन की कूची से

श्री गणेशाय नमः

कर कृपा मुझ पर प्रभु, कर दो बेड़ा पार।
मेरी बस लाज रख लो, जग के हे पालनहार।।

—रतन

चरणों में...

यह किताब अपने परम्-पूज्य पिता जी (श्री बृजनाथ प्रसाद श्रीवास्तव) के चरणों में सादर समर्पित, जिनकी वजह से मैं जीवन का कुछ ककहरा सीख सका और परिणाम-स्वरूप 'ख़्वाबों का ताना-बाना' जैसा 'ककहरा' लिखने लायक बन सका।

–रतन कुमार श्रीवास्तव 'रतन'

दो बातें

वर्ष 2021 के शुरुआती दिनों में ही मेरी पहली किताब **'ख़्वाबों में ज़िंदगी मुस्कुराती रही'** (ग़ज़ल-संग्रह) प्रकाशित हुई थी। आज वर्ष 2025 की शुरुआत हो गई है। समय-समय पर इन चार वर्षों में बहुत-से संगी-साथियों में से कुछ ने हमसे सवाल भी दाग़े; और कुछ ने तंज़ भी किया कि आपकी अगली किताब, अब कब तक आएगी? चूँकि, मैं जिस शासकीय सेवा में हूँ; और जिस तरह से मेरे कार्य की प्रकृति है, उसमें समय निकाल पाना नि:संदेह बेहद मुश्किल होता है। कहने को तो सप्ताह में दो अवकाश ज़रूर मिलते हैं, लेकिन वे कहने के ही होते हैं। बावजूद उसके, कुछ वक़्त हम समय-समय पर निकालते रहे और तुकबन्दियाँ कर उसे मोबाइल के नोटपैड पर लिखते रहे। लेकिन ये क़दम बहुत ही धीमी चाल के रहे, पर इसकी परिणति आपके सामने है!

मशहूर हिन्दी फ़िल्म 'आहिस्ता-आहिस्ता' में प्रसिद्ध शायर निदा फ़ाज़ली साहब की एक ग़ज़ल का चर्चित मतला है कि **'कभी किसी को मुक़म्मल जहाँ नहीं मिलता...।'** सचमुच इस एक जादुई लाइन ने, जाने कितनों की ज़िंदगी को न जाने कैसी-कैसी दिशाएं, जाने कैसी-कैसी तसल्लियाँ दी हैं। मैं भी इससे अछूता नहीं। यह सच है कि ज़िंदगी में बहुत-सी चीज़ें आपके मन की नहीं होती। बहुत-से सपने, बहुत-सी इच्छाएँ तो अधूरी रह ही जाती हैं, साथ ही बहुत-सी बातें भी अनकही रह जाती हैं, जो स्वयं के दिल-ओ-दिमाग़ में अक्सर उमड़ती-घुमड़ती रहती हैं। इन्हीं उमड़ते-घुमड़ते भावों को शब्दों में ढालने का मेरा बस एक छोटा-सा प्रयास है यह संग्रह।

वैसे यह भी सच है कि मैं कोई स्थापित कवि, लेखक या ग़ज़लकार नहीं हूँ; और न ही इन विधाओं पर मेरा कोई गहन अध्ययन, मनन ही है। बस,

कविताओं, ग़ज़लों और गीतों को सुनने का मेरा एक पुराना शौक़ रहा है। इसी शौक़ ने हमें कुछ भाव दिए, कुछ शब्द दिए, कुछ समझ दी; जिनका सहारा लेकर हमने यूँ ही कुछ लाइनें गढ़ ली हैं, जो समेकित होकर किताब की शक्ल में आपके सामने है। आशा करता हूँ कि आप इसे अपनी मोहब्बत, अपनी दाद, अपनी तवज्जो ज़रूर देंगे।

वैसे इस किताब में ग़ज़लों-सी ही सूरत में कुल 130 रचनाएं तथा अन्य सूरत में 22 रचनाएं, यानी छोटी-मोटी कुल 152 रचनाएं समाहित हैं, जिन्हें हमने, भावों और विषय के आधार पर चार भागों में बाँटा है। पहले भाग में शुरुआत की 101 रचनाएं श्रृंगारिक-भाव से ओत-प्रोत हैं, जिन्हें हमने '**तुम्हीं से ही रोशन, ये सारी बहार है...**' के उपनाम से; तथा इसी तरह किताब में आगे की 10 (क्रमांक 102-111) रचनाएं कोरोना-काल के द्वितीय चरण के अवधि (वर्ष 2021) की हैं, जिन्हें हमने '**बड़े ख़ौफ़ में ज़िंदगी गुज़र रही है...**' के उपनाम से वर्गीकृत किया है। चूँकि, मैं भी उस वक़्त कोविड से पीड़ित था, अतः इन रचनाओं में तत्समय की शारीरिक, मानसिक एवं सांसारिक मनोदशा आपको देखने एवं एहसास करने को मिलेंगी। मुझे पूरा विश्वास है कि कोरोना-काल की इन दसों रचनाओं से आप अपने आपको निश्चित रूप से जोड़ने का प्रयास करेंगे, क्योंकि कोरोना-काल की भयावह स्थिति से किसका पाला, किसका साबका नहीं पड़ा होगा; और कौन इसकी भयावहता से वाक़िफ़ नहीं होगा? इसी तरह किताब में आगे की 19 रचनाएं (क्रमांक 112-130) जीवन के भिन्न-भिन्न पहलुओं को चित्रित, रेखांकित करती आपको दिखेंगी, जिन्हें हमने '**मिला कुछ भी न कभी, मन का...**' जैसा उपनाम दिया है। इसी प्रकार रंग-रंग के भावों से बंधी दो-चार पंक्तियों वाली 22 (क्रमांक 131-152) रचनाएं, जो इधर-उधर बिखरी पड़ी थीं, को संकलित कर इस किताब के अन्तिम भाग, जिसे हमने '**बिखरे मोती...**' नाम दिया है, में शामिल किया है। वैसे स्पष्ट कर दूँ कि इन छोटी-छोटी बाईस विजातीय रचनाओं को इस किताब में शामिल करने का कोई विशेष अर्थ नहीं है, केवल मख़मल में पैबंद लगाने जैसी जुगत है। लेकिन तितर-बितर और उपेक्षित पड़ी इन रचनाओं को इस किताब में सम्मिलित करने का मोह, मैं किताब के छपते-छपते तक, बहुत चाहकर भी नहीं त्याग सका; और ये आपके सम्मुख हैं। आशा है कि आप इन्हें भी मान देंगे।

चूँकि, किताब में शामिल सभी 152 रचनाएं बड़े मनोयोग एवं भावों के प्रवाह में आकर लिखी गई हैं, अत: इन सारी रचनाओं को पढ़कर निश्चित रूप से आपको अच्छा लगेगा और आप कुछ सोचने-विचारने पर विवश होंगे। ऐसी मुझे उम्मीद है।

मैं पहले ही कह चुका हूँ कि मैं कोई ग़ज़लकार नहीं हूँ; और न ही मुझे ग़ज़ल का 'ककहरा' ही आता है। अत: मेरी ग़ज़लें 'बहर' आदि की कसौटी पर खरी ही उतरें, यह आवश्यक नहीं है। चूँकि, मेरी अभिव्यक्ति प्रबल रही है, अत: मेरे मन में जब, जैसे और जिस तरह के भाव उठे, उन पर मैंने बस रदीफ़ और क़ाफ़िया का मुलम्मा चढ़ा कर उन्हें ग़ज़ल-सी सूरत दे दी। अत: मेरी ग़ज़लों को आप ग़ालिब, मीर, जिगर, दाग़, साहिर, मजाज़, शकील, जोश, अदम तथा दुष्यन्त कुमार जैसे सर्वश्रेष्ठ ग़ज़लकारों की नज़र से न देखें, न पढ़ें। मेरी ग़ज़लों और उनके भावों को आप बस, अपने से जोड़ें। दावा तो नहीं करता, लेकिन इन्हें पढ़कर आपको अच्छा ज़रूर लगेगा। बहुत बड़े शायर 'अकबर इलाहाबादी' साहब का एक चर्चित शे'र है, **'दर्द को दिल में जगह दो 'अकबर', इल्म से शायरी नहीं होती।'** इसी तरह एक दूसरे शायर का एक शे'र है, **'एक मिसरे पर तंज़ मत करिए, पूरी दुनिया बहर से ख़ारिज है।'** अत: ग़ज़ल के तमाम पैरामीटर्स से इतर यदि उल्लिखित उपर्युक्त अश'आर के नज़रिए से आप मेरी रचनाएं पढ़ेंगे; और उस पर ग़ौर करेंगे तो ज़ाहिर तौर पर आपको बेहतर लगेंगी, सुन्दर लगेंगी। दूसरे, कोई रचनाकार यदि अपनी रचनाओं के बारे में स्वयं इतनी बेबाक़ी से बात करता है और इस तरह की साफ़गोई दिखाता है तो बात कुछ-न-कुछ अलग ज़रूर होती है; जिसे आप किताब पढ़कर समझ सकेंगे; और महसूस कर सकेंगे।

इसी क्रम में यह भी उल्लेख कर देना प्रासंगिक होगा कि इस किताब में छोटी-बड़ी, जो 152 रचनाएं समाहित हैं, उनमें अरबी-फ़ारसी एवं उर्दू के शब्दों का प्रयोग वैसे तो न के बराबर किया गया है, लेकिन कहीं-न-कहीं इन शब्दों का प्रयोग हो ही गया है। वैसे तो प्रयोग किए गए ऐसे सभी शब्द सामान्यतया बोल-चाल की ही भाषा के हैं, पर पाठकों की भावनाओं का ख़याल रखते हुए ऐसे शब्दों का हिन्दी में अर्थ एवं भाव, प्रत्येक रचना के नीचे, लिखने का भरसक प्रयास किया गया है। नि:सन्देह इस प्रयास से

आप जैसे प्रबुद्ध एवं सुधी पाठकों को सुविधा भी होगी, सहूलियत भी। ऐसा मेरा सोचना है।

इस किताब में शामिल कुछ अश'आर को मैं यहाँ महज़ इसलिए दे रहा हूँ, ताकि आप इन्हें पढ़कर, मेरी ग़ज़लों को पढ़ने का मन बना सकें–

भले अँधेरा बहुत है, इस राह में लेकिन,
दिखने लगेगी रोशनी, जो तुम साथ दो।।

1(2)

●●●

तोड़ लाऊँगा चाँद-तारे मैं तुम्हारे लिए,
पकड़ कर मेरा हाथ, कुछ कहो तो सही।।

11(2)

●●●

कल महफ़िल की रौनक़ बने हम थे,
आज खड़े हैं यूँ ही तन्हा बाज़ार में।।

15(4)

●●●

साथ तुम्हारी मोहब्बत, न तुम्हारा नशा,
आग का दरिया फिर पार कैसे करूँ।।

25(4)

●●●

कितना टूटा हुआ, कितना हारा हुआ।
आदमी तो हूँ मैं, वक़्त का मारा हुआ।।

37(1)

●●●

पूछ लेता वो बस, हाल हमारा,
ज़रूरत कहाँ फिर दवा की थी।।

43(2)

●●●

जिसकी ख़ातिर जलाए थे चराग़ हमने,
घर में मेरे घोर अँधेरा, उसी ने किया।।

48(4)

●●●

तुम आओ तो न जाने क्या हो,
अभी तो ज़िंदगी बस, बेज़ार है।।

49(5)

●●●

कलियों, फूलों; किसी से भी पूछ लो,
तुम्हीं से ही रोशन, ये सारी बहार है।।

52(2)

●●●

अपने चराग़ पे बस भरोसा कर,
बाहर न देख, कितनी तीरगी है।।

53(2)

●●●

थोड़ा ग़म, थोड़ी ख़ुशी हो।
कुछ इसी तरह ज़िंदगी हो।।

59(1)

●●●

वह समंदर-सा तो दिखता है,
दिखती नहीं तो गहराई बस।।

70(5)

●●●

जिन ज़ख़्मों पे लगाया था मरहम,
ज़ख़्म वही, फिर से उभर गए हैं।।

88(4)

●●●

चलें क्या हम उनके नक़्श-ए-क़दम,
भूल जो अपनी ही रहगुज़र गए हैं।।

94(3)

●●●

वही कह रहा है अब बेवफ़ा मुझको,
साथ जिसके हमने बस, वफ़ा किया।।

98(3)

●●●

माटी के पुतले पर गुमान है तुम्हें,
जाके कभी ज़रा श्मशान देखिए।।

124(4)

●●●

कुछ भी कर ले इंसाँ लेकिन,
मुनहसिर है वो भगवान पर।।

130(7)

●●●

मैं यहाँ अपने सभी सुधी एवं प्रबुद्ध पाठकों से विनम्रतापूर्वक यही कहना चाहूँगा कि आप इस किताब में यत्र-तत्र छिपे, लेकिन पकड़ में आने वाले कुछ दोषों को दरकिनार कर, इसे एक बार ज़रूर पढ़ें। यह तो नहीं कहूँगा कि इस किताब के हर एक शे'र और ग़ज़ल में आपको बहुत आनन्द आएगा, लेकिन इतना तो ज़रूर कह सकता हूँ कि आपको निराशा नहीं होगी। कुछ-न-कुछ हाथ ज़रूर लगेगा। इसी क्रम में यह भी कहना चाहूँगा कि इस किताब पर

आपकी एक सुन्दर प्रतिक्रिया हमारी ख़ुशी का सबब तो बनेगी ही; भविष्य के लिए हमारा उत्साहवर्द्धन भी करेगी। अतः इस किताब पर आपकी प्रतिक्रिया अपेक्षित भी है, प्रतीक्षित भी।

अन्त में, अपने प्रिय पाठकों के प्रति मेरे मन में बस यही भाव है कि-

"जानता हूँ, इक जादू है आपकी नज़रों में,
देख लेंगे मुझे तो, मैं और निखर जाऊँगा।।"

बस, आपका अपना,

(रतन कुमार श्रीवास्तव 'रतन')

'पद्मावतीयम्',
बुधवार, 01 जनवरी, 2025
पौष मास, शुक्ल पक्ष-द्वितीया

किताब की बाबत

वैसे निजी तौर पर मेरा मानना है कि जिस तरह से धागा, बिना किसी ताने-बाने के, कपड़े का आकार-प्रकार, रूप-रंग नहीं ले पाता; उसी तरह ख़्वाबों के ताने-बाने के बिना ज़िंदगी भी मुक़म्मल तौर पर अपना आकार-प्रकार, रंग-रूप नहीं ले पाती है; और न ही अपना कोई मक़ाम ही हासिल कर पाती है। इसीलिए ज़िंदगी को और भी हसीन; और भी मुक़म्मल बनाने की ही ग़रज़ से हमने भी वक़्त-बेवक़्त कई तानों-बानों को अपने ज़ेहन में पैबस्त और जज़्ब तो किया ही है; साथ ही रिश्तों के धागों को ख़्वाबों के ताने-बाने में फँसाकर कुछ महकते-से आड़े-तिरछे ख़यालात भी बुने हैं; और ख़यालातों के इन्हीं क़ाग़जी पैरहनों पर, कुछ हर्फ़ों का सहारा लेकर बारीक-सी तुरपाई करने की एक नायाब कोशिश भी की है। सच है कि कोशिश के इसी बेतरतीब सिलसिले को ही हमने नाम दिया है–'ख़्वाबों का ताना-बाना'।

"और क्या कहूँ मैं इस किताब की बाबत,
बस यह आईना है, मेरी ही ज़िंदगी का।।"

–रतन कुमार श्रीवास्तव 'रतन'

'पद्मावतीयम्',
मंगलवार, 14 जनवरी, 2025
माघ मास, कृष्ण पक्ष-प्रतिपदा/मकर-संक्रांति

आभार

इस किताब को लिखने की प्रेरणा देने के लिए सबसे पहले मैं हार्दिक आभार व्यक्त करता हूँ माँ सरस्वती का, अपने इष्टदेव 'बजरंग-बली' का, अपने कुल-देवता 'देवता-बाबा' का, अपने नगर-देवता 'रत्नेश्वर-महादेव' का तथा मेरे अंतर्मन में व्याप्त सभी देवी-देवताओं, पूर्वजों एवं अपनों का, जिनकी कृपा, प्रेरणा एवं आशीर्वाद से मेरे लिए कुछ हद तक, यह सब कुछ लिख पाना संभव हो सका है।

आभार; मेरे दिल एवं मेरी आँखों को भाने वाले प्रकृति के उन सभी सुन्दर, सुरम्य, सलोने, सजीव एवं नैसर्गिक आकर्षणों एवं रंगों का भी; जिनकी वजह से मैं कुछ गढ़ सका, कुछ बुन सका तथा कोरे काग़ज़ पर कुछ भावों के साथ ज़िंदगी के कुछेक रंगों को उकेर भी सका।

आभार; उ.प्र. की माननीया राज्यपाल श्रीमती आनंदीबेन पटेल जी का, उ.प्र. के यशस्वी मुख्यमंत्री माननीय योगी आदित्यनाथ जी का तथा उ.प्र. के मुख्य सचिव श्री मनोज कुमार सिंह जी का, जिन्होंने अपना क़ीमती वक़्त निकालकर इस किताब के संबंध में आशीर्वाद-स्वरूप अपने बहुमूल्य 'दो शब्दों' से मेरा हौसला और मेरा मान ही नहीं बढ़ाया, अपितु शुभकामना के रूप में अपना स्नेह-आशीष भी प्रकट किया।

आभार; मुबारकबाद देने के लिए हिन्दी फ़िल्मों के मशहूर निर्माता-निर्देशक पद्ममश्री मुज़फ़्फर अली साहब का, जिन्होंने उमराव जान, गमन, आगमन तथा अंजुमन जैसी चर्चित कई हिन्दी फ़िल्में समाज के एक बड़े वर्ग को देकर एक बड़ा काम तो किया ही है, बड़ा नाम भी कमाया है। चूँकि, मुज़फ़्फर अली साहब मेरे प्रिय फ़िल्मी शख़्सियतों में से एक हैं, अतः उनके 'मुबारकबाद' हेतु हम उनके विशेष रूप से आभारी हैं, एहसानमंद हैं।

आभार; मेरी परम-प्रिय रचनाकार ममता कालिया जी तथा 'स्माइल-मैन' के नाम से पूरी दुनिया में मशहूर लखनऊ के सर्वेश अस्थाना जी जैसे मूर्धन्य एवं सुविख्यात साहित्यकार का, जिनके आशीर्वाद-स्वरूप मिले स्नेह भरे 'दो अक्षर' ने मेरे सपनों को पर ही नहीं दिए, बल्कि मेरी इस किताब को एक नया कलेवर और एक नया रंग भी दिया। हम इनके प्रति पूरी तरह से कृतज्ञ हैं एवं नतमस्तक भी।

आभार; देश के प्रसिद्ध छायाकार श्रद्धेय रवि कपूर साहब का, जिन्होंने इस किताब के आवरण-पृष्ठ हेतु अपने कैमरे से खींची हुई एक भावपूर्ण तस्वीर ही हमें नहीं उपलब्ध कराई, अपितु किताब के उज्ज्वल भविष्य हेतु अपनी ढेर सारी शुभकामनाएं, अपना आशीर्वाद और अपना बहुमूल्य मार्गदर्शन भी हमें प्रदान किया।

आभार; अनुप्रिया जी का, जो मूल रूप से सुपौल, बिहार की हैं, लेकिन वर्ष 2008 से नई दिल्ली में रह रही हैं और प्रतिष्ठित पत्रिका 'आउटलुक' में कार्यरत हैं। अनुप्रिया जी एक लब्ध-प्रतिष्ठ कवयित्री तो हैं ही, रेखाचित्रों पर भी वे वर्षों से काम कर रही हैं; और देश के कई प्रतिष्ठित संस्थानों, प्रतिष्ठानों तथा प्रकाशन समूहों से जुड़ी हुई हैं। अनुप्रिया जी ने मेरे व्यक्तिगत अनुरोध पर इस किताब के लिए दो रेखाचित्र बनाए हैं। ये रेखाचित्र कौन से हैं; और कहाँ पर हैं, इन्हें आपको किताब में ढूँढ़ना होगा!

आभार; लखनऊ के प्रसिद्ध साहित्यकार डॉ. दिनेश चन्द्र अवस्थी जी का भी, जिन्होंने इस किताब की पांडुलिपि में प्रयुक्त वर्तनी एवं व्याकरण संबंधी तमाम अशुद्धियों एवं त्रुटियों को, अपना बहुमूल्य समय देकर, सुधारा-सँवारा ही नहीं, बल्कि इस किताब के संबंध में कई तरह के बेहतर एवं अनुभवजन्य सुझावों से हमारा मार्गदर्शन भी किया; और हमारा उत्साह भी बढ़ाया। इस उपकार हेतु हम परम् आदरणीय अवस्थी सर के प्रति पूरी तरह से कृतज्ञ हैं; और हृदय से अत्यन्त आभारी भी।

आभार; वर्ष 2021 में प्रकाशित अपनी पहली किताब '**ख़्वाबों में ज़िंदगी मुस्कुराती रही**' (ग़ज़ल-संग्रह) का भी, जिसकी प्रसिद्धि, यश और उससे मिले सम्मान-पुरस्कार ने मुझे समय-समय पर अभिभूत ही नहीं किया, बल्कि मुझे यह किताब लिखने हेतु अनुप्रेरित भी किया, अनुप्राणित भी।

आभार; देश के अग्रणी एवं प्रतिष्ठित प्रकाशनों में से एक 'वाणी प्रकाशन, नई दिल्ली' के कर्ता-धर्ता परम् आदरणीय श्री अरुण माहेश्वरी जी का भी, जिन्होंने इस किताब को छापने में अपनी रुचि ही नहीं दिखाई, अपितु पूरे मनोयोग के साथ इसे समय से प्रकाशित कर, हमें एवं हमारे पाठकों पर एक तरह से उपकार तो किया ही है, अनुगृहीत भी किया है। अतः इस हेतु हम अरुण सर के प्रति विशेष रूप से कृतज्ञ हैं।

आभार; कम्प्यूटर ऑपरेटर श्री देवेन्द्र कुमार सैनी का भी, जिन्होंने इस किताब की पांडुलिपि को पूरी शिद्दत से कम्प्यूटर पर टंकित ही नहीं किया, अपितु समय-समय पर कुछ आवश्यक तकनीकी सुझावों के साथ इस किताब को समग्र रूप से तैयार करने में अपना बहुमूल्य योगदान भी दिया।

आभार; गूगल-बाबा का भी, जिसके उपयोग एवं सहयोग से हम इस किताब हेतु, कुछ और बेहतर कर पाए। परिणाम-स्वरूप यह किताब कुछ हद तक परिष्कृत भी हो सकी और परिमार्जित भी।

अन्त में, आभार उन सभी के प्रति भी, जिनसे मुझे रंच-मात्र ही सही, लेकिन प्रत्यक्ष या अप्रत्यक्ष रूप से, किसी-न-किसी रूप में, कहीं-न-कहीं, कभी-न-कभी, कोई-न-कोई प्रेरणा मिली, भाव मिले और शब्द मिले।

अब, इस भाव के साथ अपनी बात समाप्त करता हूँ कि—

"शुक्रिया उन हसीन नज़ारों का, बहारों का,
जिसने हमें कुछ रंग दिए, कुछ राग दिया।।"

पुनः हार्दिक आभार और धन्यवाद सहित, आपका,

(रतन कुमार श्रीवास्तव 'रतन')

'पद्मावतीयम',
सोमवार, 31 मार्च, 2025
चैत्र मास, कृष्ण पक्ष-द्वितीया

रतन कुमार श्रीवास्तव 'रतन' का नवीन ग़ज़ल-संग्रह **'ख़्वाबों का ताना-बाना'** एक बार फिर यह सत्य उजागर करता है कि उर्दू से चल कर हिंदी में भी ग़ज़ल विधा की अच्छी पहुँच बन गयी है। ग़ज़ल की ख़ासियत यह है कि यह अपने पाठक से सीधे मुख़ातिब होती है। रतन के अश'आर में ऐसा असर क़दम-क़दम पर नुमायाँ हुआ है। मेरी उन्हें दिली दुआएँ।

–ममता कालिया
(सुविख्यात साहित्यकार)

19 नवम्बर, 2024
गाजियाबाद

वैसे शायर हर समय ख़्वाबों और ख़यालों से ही लबरेज़ रहता है। भावों को शब्दों में ढालकर उन्हें शायरी में तब्दील कर देना ही उसका हुनर होता है। मक़बूल शायर श्री रतन कुमार श्रीवास्तव 'रतन' जी ऐसे ही हुनरमंद शायर हैं, जो 'ख़्वाबों का ताना-बाना' बनाकर उससे ग़ज़ल बुन देते हैं। इनकी ग़ज़लों में मोहब्बती दुनिया की दुश्वारियां व रिश्तों की ख़ुशबू महसूस होती है। इनकी शायरी में तसव्वुफ़ भी है तो रूमानियत का अहसास भी; दुनियावी मसाइल भी हैं तो साथ ही दुनिया को ख़ूबसूरत बनाने का हौसला भी। इनकी ग़ज़लों में जहाँ निराश लोगों की चिंता है तो साथ ही आशावाद की रोशनी भी। रतन जी की पहली पुस्तक 'ख़्वाबों में ज़िंदगी मुस्कुराती रही' को देख-पढ़ कर इनके भीतर छिपे एक बड़े शायर को हमने बहुत पहले ही पहचान लिया था।

मैं रतन जी को हृदय से बधाई देते हुए इनकी नई आ रही पुस्तक '**ख़्वाबों का ताना-बाना**' के लिए बहुत-बहुत हार्दिक बधाई देता हूँ। मैं इनकी आगामी अनेक पुस्तकों की प्रतीक्षा भी करूँगा।

–सर्वेश अस्थाना
('स्माइल-मैन' के नाम से मशहूर
प्रख्यात साहित्यकार एवं व्यंग्यकार)

20 मार्च, 2025
लखनऊ

संदेश

मुझे यह जानकर अत्यन्त हार्दिक प्रसन्नता हुई कि ग़ज़लकार श्री रतन कुमार श्रीवास्तव 'रतन' द्वारा रचित ग़ज़ल संग्रह "ख़्वाबों का ताना-बाना" का प्रकाशन किया जा रहा है।

साहित्य की सशक्त विधा ग़ज़ल हिन्दी और उर्दू दोनों भाषाओं में भावनाओं की अभिव्यक्ति के साथ-साथ क्रान्तिकारी विचारों के प्रस्फुटन की भी माध्यम रही है। सहज और लोकप्रिय इस विधा ने मूर्धन्य विद्वानों को जनसाधारण की स्मृति में संजोय रखा है, साथ ही नवोदित लेखकों को भी जनप्रिय बनाया है। मुझे विश्वास है कि प्रकाश्य ग़ज़ल संग्रह "ख़्वाबों का ताना-बाना" सामाजिक सरोकारों को सहेजने के अपने उद्देश्य को सिद्ध करेगी।

मैं "ख़्वाबों का ताना-बाना" पुस्तक के सफल प्रकाशन हेतु अपनी हार्दिक शुभकामनाएं प्रेषित करती हूँ।

04 दिसम्बर, 2024

आनंदीबेन

(आनंदीबेन पटेल)
राज्यपाल, उ.प्र.

संदेश

मुझे यह जानकर अत्यन्त प्रसन्नता की अनुभूति हो रही है कि श्री रतन कुमार श्रीवास्तव 'रतन' का ग़ज़ल संग्रह 'ख़्वाबों का ताना-बाना' प्रकाशित होने जा रहा है।

साहित्य समाज का दर्पण होता है। इससे समाज की दिशा तय होती है। हमारी लेखनी ऐसी होनी चाहिए, जो मार्गदर्शक के रूप में समाज को नई दिशा दे सके। साहित्यकार को समाज की ज्वलन्त समस्याओं को रचनात्मक दिशा देने का प्रयास करना चाहिए, जिसमें व्यापक लोक कल्याण और राष्ट्र कल्याण का भाव निहित हो। मुझे आशा है कि इस संकलन की रचनाएं साहित्य प्रेमियों द्वारा सराही जाएंगी।

पुस्तक के सफल प्रकाशन हेतु हार्दिक शुभकामनाएं।

11 दिसम्बर, 2024

(योगी आदित्यनाथ)
मुख्यमंत्री, उ.प्र.

संदेश

मुझे यह जानकर प्रसन्नता हुई कि श्री रतन कुमार श्रीवास्तव 'रतन' द्वारा रचित ग़ज़ल-संग्रह 'ख़्वाबों का ताना-बाना' प्रकाशित होने जा रहा है।

ग़ज़लें विचारों और भावनाओं की सहज अभिव्यक्ति का एक सशक्त एवं समृद्ध माध्यम होती हैं। रिश्तों एवं सामाजिक तानों-बानों के मुद्दों पर लिखी गई ग़ज़लें न केवल साहित्यिक दृष्टि से महत्वपूर्ण होती हैं. अपितु सामाजिक सरोकारों के प्रति भी उनका एक विशेष योगदान होता है। शासकीय व्यस्तताओं के बावजूद इस तरह के रचनात्मक कार्यों के लिए समय निकालना बेहद मुश्किल होता है।

उ०प्र० सचिवालय में निजी सचिव श्री रतन कुमार श्रीवास्तव द्वारा ग़ज़ल-संग्रह के माध्यम से अपनी साहित्यिक एवं रचनात्मक प्रतिभा को प्रदर्शित करना सराहनीय है। आशा है कि इस ग़ज़ल संग्रह को पढ़कर पाठक आनंद की अनुभूति करेंगे।

ग़ज़ल संग्रह के सफल प्रकाशन के लिए मेरी हार्दिक शुभकामनाएं!

12 दिसम्बर, 2024

Manoj 12.12.24

(मनोज कुमार सिंह)
मुख्य सचिव
उ.प्र. शासन

मुबारकबाद

मुझे यह जानकर दिली ख़ुशी हुई कि श्री रतन कुमार श्रीवास्तव 'रतन', जो पेशे से सरकारी मुलाज़िम हैं, द्वारा लिखी किताब '**ख़्वाबों का ताना-बाना**' (ग़ज़ल-संग्रह) का प्रकाशन शीघ्र होने जा रहा है।

ज़िंदगी के तमाम भावों और अहसासों को ख़ूबसूरत लफ़्ज़ों में पिरोकर जिस तरह से 'ख़्वाबों का ताना-बाना' बुना गया है, वह क़ाबिल-ए-तारीफ़ है। पढ़ने से मालूम हुआ कि इस किताब में शामिल कई–एक शेर वाकई में दिल को छूने वाले हैं। इनमें कुछ-न-कुछ नई बात, नया मशविरा और कोई-न-कोई ज़िंदगी का फ़लसफ़ा ज़रूर शामिल है, जिसे पढ़कर ज़िंदगी को और क़रीब से जाना-समझा, देखा-परखा; और जिया जा सकता है।

रिश्तों के सामाजिक तानों-बानों पर ग़ज़ल के फ्रेम में लिखी यह किताब लोगों की ज़िंदगी का आईना बने, यह ख़्वाहिश है। मैं किताब के प्रकाशन; और उसकी शोहरत हेतु दिली मुबारकबाद देता हूँ।

07 दिसम्बर, 2024
कोटवारा हाऊस
10, कैसरबाग, लखनऊ

(पद्मश्री मुज़फ़्फ़र अली)
प्रसिद्ध फ़िल्म निर्माता एवं निर्देशक

अनुक्रम

(भाग-1)
तुम्हीं से ही रोशन, ये सारी बहार है...

(भाग-2)
बड़े ख़ौफ़ में ज़िंदगी गुज़र रही है...

(भाग-3)
मिला कुछ भी न कभी, मन का...

(भाग-4)
बिखरे मोती...

(भाग-1)

तुम्हीं से ही रोशन, ये सारी बहार है...

1.

जो तुम साथ दो

बदल जाएगी ज़िंदगी, जो तुम साथ दो।
मिल जाएगी हर ख़ुशी, जो तुम साथ दो।।

भले अँधेरा बहुत है, इस राह में लेकिन,
दिखने लगेगी रोशनी, जो तुम साथ दो।।

आब[1] समंदर का लेकर क्या करेंगे हम,
मिट जाएगी तिश्नगी[2], जो तुम साथ दो।।

चल रहे हैं तन्हा, हम तो गरम रेत पे,
बहने लगेगी नदी, जो तुम साथ दो।।

बस कुछ लम्हों[3] की ही नहीं ये बात है,
मुस्कुराएगी ये सदी[4], जो तुम साथ दो।।

खिलेंगे फूल अब इस वीराने दयार[5] में,
हँसने लगेगी कली, जो तुम साथ दो।।

सुन लो दिल की आवाज़ बस एक बार,
दूर हो जाएगी बेख़ुदी[6], जो तुम साथ दो।।

●●●

---

1. पानी, 2. प्यास, 3. क्षणों, 4. शताब्दी, 5. क्षेत्र, 6. अचैतन्यता

2.
झूठे ऐतबार पर

हो गई बेवफ़ा ज़िंदगी झूठे ऐतबार पर।
और हम करते रहे नाज़[1] अपने प्यार पर।।

न मिली वफ़ाएं और न ही ख़ुशबू मिली,
मैं हैराँ[2] बहुत हूँ, गुल-ए-गुलज़ार पर।।

हारकर बाज़ी[3] इतना तो जाना हमने,
कि जीती जाती है जंग, तलवार पर।।

कर बेवफ़ाई दिल को इतना रुसवा[4] किया,
कि कोई अक्स[5] नहीं, दर-ओ-दीवार पर।।

जब अपनों ने ही गिराई हैं बिजलियाँ,
तो क्या लगाएं तोहमतें[6] हम, बहार पर।।

मना रहे हैं जश्न[7] वो अपनी जीत पर,
और मना रहें हैं हम मातम[8], अपनी हार पर।।

●●●

---

1. अभिमान, 2. आश्चर्य, 3. शर्त, 4. अपमान, 5. परछाई, 6. आरोप, 7. उत्सव, 8. शोक

3.
ये ख़ुमारी क्यूँ है

कोई तो बताए कि ये ख़ुमारी[1] क्यूँ है।
बरसों बाद भी इतनी बेक़रारी क्यूँ है।।

कहते हो तुम कि बुझ गई आग है,
उठ रही राख से फिर चिंगारी क्यूँ है।।

जानता हूँ बन्द हैं घर के दरीचे[2] भी,
हवा की आमद[3] फिर ये जारी क्यूँ है।।

कोशिशें की जितनी तुम्हें भुलाने की,
उतनी ही याद आती तुम्हारी क्यूँ है।।

लग रहा है अभी रात बाक़ी बहुत है,
टूट गई फिर ये नींद हमारी क्यूँ है।।

क्या बताएं मोहब्बत में तुम्हें ऐ दोस्त,
कि जीती बाज़ी हमने ये हारी क्यूँ है।।

कई चारागरों[4] ने हाथ आजमाएं हैं,
जाती नहीं फिर ये बीमारी क्यूँ है।।

●●●

---

1. हल्का नशा, 2. खिड़कियाँ, 3. आगमन, 4. चिकित्सकों

4.
दिखा देना

मज़मून[1] न किसी को दिखा देना।
पढ़ के ख़त मेरा, बस जला देना।।

गुस्ताख़ी[2] तो है मेरे दिल की ये,
फ़ैसला जो भी हो, सुना देना।।

अपनों से छुपना, छुपाना क्या,
गर बात कोई हो तो बता देना।।

जल रही है आग जो ये सीने में,
जब जी में आए तो बुझा देना।।

दिल की बात, दिल में ही रखना,
कोई कुछ पूछे तो मुस्कुरा देना।।

बनाया है महल हमने तो रेत का,
अच्छा न लगे तुम्हें तो ढहा देना।।

बदनाम न होना यूँ ही ज़माने में,
इल्ज़ाम[3] भले मेरे सर लगा देना।।

●●●

1. आलेख, 2. अशिष्टता, 3. आरोप

5.
इक बार कह दो

है अगर मुझसे प्यार तो इक बार कह दो।
दिल है जो बेक़रार[1] तो इक बार कह दो।।

भर दूँगा चाँद-तारों से दामन मैं तेरा,
कर सको ऐतबार[2] तो इक बार कह दो।।

मेरी नज़रें तो करती हैं हर घड़ी इनायतें[3],
तुम्हें जो मिले क़रार[4] तो इक बार कह दो।।

झूठा ही सही, बस यूँ ही कह दो हमें अपना,
कह न सको बार-बार तो इक बार कह दो।।

तेरे दिल में छुपे हैं फूल जो ये उल्फ़त[5] के,
गर ला सकें ये बहार तो इक बार कह दो।।

दुनिया न रही माफ़िक़-ए-मोहब्बत कभी,
चलना है उस पार तो इक बार कह दो।।

चलो भाग चलें फ़िरक़ापरस्त[6] इस दुनिया से,
हो अगर तुम तैयार तो इक बार कह दो।।

●●●

1. बेचैन, 2. विश्वास, 3. कृपा, 4. चैन, 5. प्रेम, 6. साम्प्रदायिक

6.
कोई सवाल आया

जब भी दिल में कोई सवाल आया।
बार-बार उसका ही ख़याल आया।।

सोए से ख़्वाब फिर से जगने लगे,
ख़्वाबों का जब भी नया साल आया।।

तन्हा बैठे हैं हम तो इक ज़माने से,
उसका न ख़त, न कोई हाल आया।।

पास मेरे उसकी जो भी अमानत[1] थी,
बहते दरिया में उसे भी डाल आया।।

बंद दर[2] है और दरीचा[3] भी उसका,
कूचे[4] से लौट तभी मैं बेहाल आया।।

रंग फ़िज़ा[5] में तब और भी उड़ने लगे,
जब भी घर लिए वो गुलाल आया।।

ज़िंदगी को तो बाँध रहा हूँ मैं लय में,
मौत का लेकिन न हमें ख़याल आया।।

●●●

---

1. धरोहर, 2. दरवाज़ा, 3. खिड़की, 4. गली, 5. वातावरण

7.
जो भी रात गुज़री

अब तक तन्हा जो भी रात गुज़री।
तुम्हारे ही ख़यालों के साथ गुज़री।।

फैल गई सिहरन[1] पूरे तन-बदन में,
छू के हवा जब कोई हाथ गुज़री।।

मैंने समझा, मिल गई मंज़िल मुझे,
हो के जब भी तुम इस राह गुज़री।।

अपनी वफ़ा को भला मैं क्या नाम दूँ,
मेरी दिल्लगी[2] तो हद[3] के पार गुज़री।।

हमने तो शम्मे-वफ़ा जलाए रक्खा,
जिधर से भी यादों की बारात गुज़री।।

हम तो जीते रहे यूँ ही हो के फ़ना[4],
न पूछो कि ज़िंदगी किस हाल गुज़री।।

●●●

---

1. कंपन, 2. प्रेम, 3. सीमा, 4. मरना

8.
तुमने

ज़ख़्म तो दिए हैं बड़े ही गहरे तुमने।
लगाई हैं तोहमतें बहुत हमपे तुमने।।

तेरी जफ़ा[1] पे तंज़[2] कोई क्या करूँ मैं,
किए हैं सितम[3] बहुत, मेरी वफ़ा पे तुमने।।

इन अँधेरों से मैं कैसे निकल पाऊँगा,
लगाए हैं रोशनी पे कितने पहरे तुमने।।

बेवफ़ाई क़दम-क़दम पे ख़ुद करते रहे,
और लगा दिया इल्ज़ाम मुझपे तुमने।।

कमल खिलाया जिसने आँखों में तेरे,
उछाला है कीचड़ बहुत उसपे तुमने।।

ग़ज़ल कोई कैसे होगी मुक़म्मल[4] मेरी,
किए हैं ख़राब बहुत ही मिसरे[5] तुमने।।

●●●

1. अत्याचार, 2. कटाक्ष, 3. अन्याय, 4. संपूर्ण, 5. शे'र की एक पंक्ति

9.

जो मेरे साथ है

मुद्दत[1] से जो मेरे साथ है।
वही मेरा दाहिना हाथ है।।

मिलकर चले यूँ साथ हम,
न देखा, दिन है कि रात है।।

अब भी है उसमें, वही कशिश[2],
अब भी उसमें, वही बात है।।

उम्र भले ही ढल गई है मगर,
लचक[3] उसमें वही, आज है।।

वही नज़ाकत[4], वही नफ़ासत[5],
भरा उसमें वही जज़्बात[6] है।।

नक़्शे क़दम पे ही चले हम,
मेरे लिए यही बड़ी बात है।।

●●●

1. लम्बे समय, 2. आकर्षण, 3. झुकाव, 4. कोमलता, 5. सुंदरता, 6. भावना

10.
वही प्यार दे दो

वापस मेरा तुम, वही प्यार दे दो।
वही रुत[1]; और वही बहार दे दो।।

लौटा दो मुझको बस वही ख़ुशबू,
मुझे वही गुल-ए-गुलज़ार[2] दे दो।।

ले लो वापस मुझसे अपनी वफ़ा,
मुझे तो बस, मेरा क़रार दे दो।।

क़ुबूल कर लो मोहब्बत हमारी,
बदले में ग़म चाहे हज़ार दे दो।।

निभा न सके तुम कसमें अपनी,
अब तो खोया मेरा ऐतबार[3] दे दो।।

डूबा दो हमको चाहे जिस भँवर में,
बस साथ कश्ती के, पतवार[4] दे दो।।

●●●

---

1. मौसम, 2. फूलों का गुलदस्ता, 3. विश्वास, 4. नाव खेने का डंडा

11.
कुछ कहो तो सही

क्यूँ हो इतना उदास, कुछ कहो तो सही।
हम हैं तुम्हारे साथ, कुछ कहो तो सही।।

तोड़ लाऊँगा चाँद-तारे मैं तुम्हारे लिए,
पकड़ कर मेरा हाथ, कुछ कहो तो सही।।

चला जाऊँगा तेरी महफ़िल से तो मैं भी,
कुछ दिन की है बात, कुछ कहो तो सही।।

छुपा हुआ है दर्द बहुत तुम्हारी आँखों में,
थमी-सी क्यूँ है साँस, कुछ कहो तो सही।।

ग़म छुपाने से भला क्या होगा तुम्हारा,
खुल के तुम आज, कुछ कहो तो सही।।

बह गए हैं अरमाँ[1] दिल के अब तो सारे,
डूबने लगी है आस[2], कुछ कहो तो सही।।

दर्द दिल के मिट जाएंगे ये सब सारे,
बस बैठकर मेरे पास, कुछ कहो तो सही।।

●●●

1. इच्छा, 2. भरोसा

12.
कहा जो हाँ होता

इक बार कहा जो हाँ होता।
फिर तो न जाने क्या होता।।

होते हम भी सौ बार फ़ना[1],
किया जो तुमने वफ़ा होता।।

कुछ तो कह लेते मुझसे तुम,
गर मुझसे कोई गिला[2] होता।।

करते न ख़ता[3] कोई तुम भी,
इल्म[4] तुममें, जो ज़रा[5] होता।।

आती ज़िंदगी में जो बहार तो,
गुल बनके मैं भी खिला होता।।

हम यूँ ही न खेलते जिस्म[6] से,
रूह[7] से अगर मन भरा होता।।

यूँ ही न भटकता दर-ब-दर[8],
दर[9] तुम्हारा जो खुला होता।।

•••

1. बर्बाद, 2. शिकवा, 3. भूल, 4. ज्ञान, 5. थोड़ा, 6. शरीर, 7. आत्मा, 8. इधर-उधर, 9. दरवाज़ा

13.

हुई ख़ता मुझसे

जाने कौन-सी हुई ख़ता मुझसे।
कि आज तक है वो ख़फ़ा मुझसे।।

उसके रूठने की तासीर[1] है ऐसी,
रूठा हो जैसे कोई ख़ुदा मुझसे।।

फिर कैसे क़रीब मैं उसके जाऊँ,
रहता है जुदा, जुदा-सा मुझसे।।

होता तो उसपे मैं सौ बार फ़ना,
लेकिन उसने कहा, कहाँ मुझसे।।

मैने तो हर बार वफ़ा ही की है,
फिर कैसा शिकवा-गिला मुझसे।।

आज भी मैं उसी राह पे खड़ा हूँ,
मिला था कभी वो, जहाँ मुझसे।।

आ गए हैं हम अब ऐसे मक़ाम[2] पे,
कि रखते नहीं राब्ता[3], रास्ता मुझसे।।

---

1. प्रभाव, 2. स्थान, 3. सम्पर्क

जब करनी ही थी उसे तिजारत[4],
फिर हार गया क्यूँ ज़बाँ[5] मुझसे।।

हर घड़ी मैं इसी कश्मकश[6] में हूँ,
हुई कोई भूल कहीं, कहाँ मुझसे।।

आरज़ू[7] है इक बार अपना कह दे,
गर ज़रा-सा भी है वास्ता[8] मुझसे।।

•••

4. व्यापार, 5. ज़बान, 6. सोच-विचार, 7. इच्छा, 8. संबंध

14.
आज तक

नशा इश्क़ का ऐसा छाया आज तक।
कि होश में नहीं मैं आया आज तक।।

सब के सब बेवफ़ा हैं मेरी निगाह में,
दिल जिससे भी लगाया आज तक।।

धूप में चले थे बनके हमराह जिसके,
वो भी नहीं बना हमसाया आज तक।।

तसव्वुर[1] में रहा बसा जो रात-दिन मेरे,
उसे भी कहाँ पहचान पाया आज तक।।

चुराकर सुकूँ मेरा ले तो गया लेकिन,
उसे भी कहाँ क़रार[2] आया आज तक।।

मैं साथ उसका निभाता भी भला कैसे,
जिसने गले भी न लगाया आज तक।।

●●●

1. कल्पना, 2. चैन

15.
उसके प्यार में

मिले हैं धोके बहुत उसके प्यार में।
आई न ख़ुशबू कभी, रुत-ए-बहार[1] में।।

उसके आने की झूठी इक उम्मीद पे,
गुज़र गई ज़िंदगी यूँ ही इंतिज़ार में।।

सिला[2] वफ़ा का तो रोज़ मिलता रहा,
टूट गया रिश्ता मगर, झूठे ऐतबार में।।

कल महफ़िल की रौनक़[3] बने हम थे,
आज खड़े हैं यूँ ही तन्हा, बाज़ार में।।

ज़िंदगी को सुलझाया जितना हमने,
उलझी उतनी ही वह, तकरार[4] में।।

बेमोल हुस्न की क्या कहें गुस्ताख़ियाँ[5],
बिकने लगी है वो लाखों, हज़ार में।।

---

1. बहारों का मौसम, 2. ईनाम, 3. शोभा, 4. विवाद, 5. अशिष्टता

महकते हैं फ़िज़ा[6] में फूल बस वही,
ख़िलते हैं जो काँटों के दयार[7] में।।

नूर[8] चेहरे का जब से उड़ गया है,
रही न लाली अब वो रुख़सार[9] में।।

दरिया ने अपना मिज़ाज[10] क्या बदला,
डूब गई कश्तियाँ कई, मझधार में।।

●●●

6. वातावरण, 7. क्षेत्र, 8. तेज, 9. गाल, 10. स्वभाव

16.
बिखरा हूँ मैं

कई बार टूटा, कई बार बिखरा हूँ मैं।
जाने किस-किस मोड़ से गुज़रा हूँ मैं।।

तपा हूँ कई बार मैं ज़माने की आग में,
जा के तब अब कहीं कुछ निखरा हूँ मैं।।

जाओ न मेरे चेहरे की सिलवटों[1] पे तुम,
कई दर्द, कई ग़ुबार[2] से अभी भरा हूँ मैं।।

सुनाई देती है मुझे भी वक़्त की आहट,
क्या समझते हो, आदमी बहरा हूँ मैं।।

इस उम्र में जाऊँ कहाँ, किसके दर[3] पे,
इसीलिए तो अपने ही घर में ठहरा हूँ मैं।।

समझौता किया नहीं कभी हमने वसूलों से,
लोग कहते हैं तभी, आदमी सिरफिरा[4] हूँ मैं।।

दिया तो है ज़हर कई बार उसने धोके से,
ये तो रहमत[5] है उसकी, कि ज़िंदा हूँ मैं।।

●●●

---

1. सिकुड़नों, 2. दुःख, 3. दरवाज़े, 4. सनकी, 5. दया

17.
कौन कहता है

बेरंग, बेनूर, बेवफ़ा हो; कौन कहता है।
ज़ख़्म, दर्द, दवा हो; कौन कहता है।।

अहसासों की भीनी इक ख़ुशबू हो तुम,
कली, फूल, सबा[1] हो; कौन कहता है।।

मेरी नज़र में तुम, बस मेरी ही हो,
रब[2] हो, ख़ुदा हो; कौन कहता है।।

तुम तो टिमटिमाती इक उम्मीद हो,
जलती हुई शमा[3] हो; कौन कहता है।।

मेरी ज़िंदगी की ख़ूबसूरत ग़ज़ल हो,
रदीफ़[4], क़ाफ़िया[5] हो; कौन कहता है।।

माना कि, मेरी ही हमसफ़र हो तुम,
रहबर[6] हो, रहनुमा हो; कौन कहता है।।

---

1. प्रात: काल की हवा, 2. ईश्वर, 3. चिराग़, 4. प्रत्येक शे'र के अन्त में बार-बार दोहराया जाने वाला शब्द-समूह, 5. तुकांत शब्द, 6. मार्गदर्शक

तुम तो माटी का बस इक पुतला हो,
ख़लिश[7], खरा सोना हो; कौन कहता है।।

तेरे जिस्म में तो तेरा ही लहू बहता है,
मेरे जिस्म का क़तरा[8] हो; कौन कहता है।।

ख़्वाबों की ताबीर[9] हो भले ही तुम मेरी,
मगर मेरी दिलरुबा[10] हो; कौन कहता है।।

●●●

7. शुद्ध, 8. हिस्सा, 9. व्याख्या, 10. प्रेमिका

18.
इतना ऐतबार क्यूँ है

ज़माने बाद भी इतना ऐतबार क्यूँ है।
मुझे तुमसे अब भी वही प्यार क्यूँ है।।

फूल ख़्वाबों के यूँ मुरझा गए हैं जब,
दिख रही फिर ख़िज़ाँ[1] में बहार क्यूँ है।।

हमने तो दुनिया इक नई बसा ली है,
दिल रहता फिर भी ये बेक़रार क्यूँ है।।

रिश्तों में पड़ी नहीं हैं अब तक दरारें,
दरमियाँ[2] खड़ी फिर ये दीवार क्यूँ है।।

चल पड़े हैं जो किसी और रहगुज़र[3] पे,
मुझे उन्हीं क़दमों का इंतिज़ार क्यूँ है।।

उम्मीद है कि लौटेगें दिन बहार के,
बह रही दिल में ऐसी बयार[4] क्यूँ है।।

●●●

---

1. पतझड़, 2. बीच में, 3. रास्ते, 4. हवा

19.
धधकती रहती है

रह-रह के सीने में धधकती रहती है।
है ये कैसी आग, जो सुलगती रहती है।।

जिसे न हवा बुझा पाएं, न ही बारिश,
है ये कैसी शमा, जो जलती रहती है।।

इस चिंगारी को नाम दूँ भला मैं क्या,
बनके शोला जो मुझमें भड़कती रहती है।।

मौसम दिन का हो, या हो रात का,
अजीब हवा है ये, जो बहती रहती है।।

उसे हमसाया नहीं तो और क्या कहें,
नक़्शे क़दम पे मेरे जो चलती रहती है।।

क्या होगा अंजाम[1] इस मोहब्बत का,
बनके ख़ुशबू जो महकती रहती है।।

मक़बूल[2] है मुझको कुछ ऐसा ही नशा,
ख़ुमारी[3] जिसकी चढ़ती-उतरती रहती है।।

●●●

---

1. नतीजा, 2. प्रिय, 3. नशा

20.
ये बता दीजिए

इक बार हमको बस ये बता दीजिए।
प्यार कितना है हमसे, जता दीजिए।।

मुस्कुराएगी ज़िंदगी साथ चलकर तेरे,
दो क़दम साथ मेरे बस बढ़ा दीजिए।।

हो जाएगी ज़िंदगी मेरी सुर्ख़रू[1] बहुत,
बस मेहंदी-सी कुछ, यूँ लगा दीजिए।।

हम भी तो देखें आज अपने चाँद को,
चिलमन[2] चेहरे से ज़रा हटा दीजिए।।

आते तो हो रोज़ मेरे ख़यालों में तुम,
आके रूबरू[3] कभी चेहरा दिखा दीजिए।।

पिघलने लगे बर्फ़-सी ये मेरी ज़िंदगी,
दिल में आग कोई ऐसी लगा दीजिए।।

आती रहे कुछ रोशनी मेरे भी मकाँ में,
रौशन-चिराग़ कोई ऐसा जला दीजिए।।

●●●

1. चटख, 2. पर्दा, 3. आमने-सामने

21.
कुछ बेक़रार-सा

दिल है आज क्यूँ, कुछ बेक़रार-सा।
कुछ उदास-सा तो कुछ बेज़ार[1]-सा।।

उसे अपना कहें तो कहें हम कैसे,
रास्ते में खड़ा है मेरे, जो दीवार-सा।।

सफ़ीना[2] तो मुझे आज ले ही डूबती,
साथ नहीं होता गर वो पतवार-सा।।

दिख रहा है उसका चेहरा ऐसे आज,
मुद्दतों बाद आया हो जैसे क़रार-सा।।

खिले हुए हैं गुल अब ऐसे दयार[3] में,
कि वीरान भी लगे अब गुलज़ार-सा।।

इस तरह नज़रें झुकाए खड़ा है वो,
जीती बाज़ी[4] गया हो जैसे, हार-सा।।

●●●

1. खिन्न, 2. नाव, 3. क्षेत्र, 4. शर्त

22.

क़रार मुझे

आता कहाँ है अब क़रार मुझे।
हो गया है जब से प्यार मुझे।।

जब से बसा है तसव्वुर[1] में वो,
याद आता है बार-बार मुझे।।

कर न सका जो इंतिज़ार मेरा,
उसी का है बस इंतिज़ार मुझे।।

मैंने तो माँगा बस क़रार था,
कर गया लेकिन बेक़रार मुझे।।

ये जो दूरियाँ हैं, मिट जाएंगी,
रोके न अगर कोई दीवार मुझे।।

मेरी तो आख़िरी बस ये आरज़ू[2] है,
कि ले ले बाहों में वो इक बार मुझे।।

●●●

---

1. कल्पना, 2. इच्छा

23.
क्या बात करूँ

अब ख़त-ओ-किताबत[1] की क्या बात करूँ।
मैं तुम्हारी ही मोहब्बत की क्या बात करूँ।।

ज़रूरतमंद तो हैं दुनिया में लोग बहुत,
मैं अपनी ही ज़रूरत की क्या बात करूँ।।

मेरा सफ़ीना[2] तो डूबा है हर बार भँवर में,
मैं लहरों से शिक़ायत की क्या बात करूँ।।

अपनी दुनिया तो उजड़ गई है तूफ़ानों से,
मैं ग़ैरों की हिफ़ाज़त[3] की क्या बात करूँ।।

बिकते तो हैं अफ़साने[4] दुनिया के बाज़ार में,
मैं ख़रीदी हुई शोहरत[5] की क्या बात करूँ।।

फ़ना तो हुए हैं ज़िंदगी में सौ-सौ बार हम,
फिर मौत से ही मुरव्वत[6] की क्या बात करूँ।।

●●●

---

1. पत्राचार, 2. नाव, 3. सुरक्षा, 4. किस्से, 5. प्रसिद्धि, 6. मानवता

24.

मोहब्बत कर के हुए

इस तरह हम मोहब्बत कर के हुए।
न इधर के हुए, न उधर के हुए।।

लोगों ने इतना रुसवा[1] क्या किया,
कि न ग़ैर के हुए, न घर के हुए।।

चल भी न सके दो क़दम हम साथ,
सो[2] मंज़िल के हुए, न सफ़र के हुए।।

मेरी वफ़ा की ये कैसी रुसवाई[3] हुई,
कि हम न किसी की नज़र के हुए।।

कौन जाने किस दुआ[4] की है तासीर[5],
कई बार ज़िंदा जो हम मर के हुए।।

इसको तो जानें, ज़माने के ही लोग,
हमें क्या पता कि हम किधर के हुए।।

●●●

---

1. बदनाम, 2. इसलिए, 3. बदनामी, 4. प्रार्थना, 5. प्रभाव

25.
प्यार कैसे करूँ

बताओ तुम्हीं, तुमसे प्यार कैसे करूँ।
अरमानों[1] का अपने इज़हार[2] कैसे करूँ।।

लुट गईं हैं दिल की ख़ुशियाँ सारी,
अब ख़िज़ाँ को मैं बहार कैसे करूँ।।

तुम न आए और उम्र ये ढलने लगी,
झूठे वादों पे और इंतिज़ार कैसे करूँ।।

साथ तुम्हारी मोहब्बत, न तुम्हारा नशा,
आग का दरिया फिर पार कैसे करूँ।।

मुफ़लिसी[3] में तो गुज़र गई है ज़िंदगी,
पराये धन पे अब अख़्तियार[4] कैसे करूँ।।

शिकवा बहुत है मुझको तेरी वफ़ा से,
मगर अपनों से ही मैं रार[5] कैसे करूँ।।

●●●

---

1. इच्छाओं, 2. प्रकट, 3. ग़रीबी, 4. अधिकार, 5. झगड़ा

26.
आब-ओ-हवा मिली

इश्क़ में कैसी-कैसी आब-ओ-हवा[1] मिली।
थोड़ा मज़ा मिला तो थोड़ी-सी सज़ा मिली।।

सोचा था चलेंगे हम भी उस पार चाँद के,
पर न उसका साथ, न उसकी रज़ा[2] मिली।।

देख लिया चलके साथ हमने भी दो क़दम,
राह में ज़िंदगी जहाँ, बनके बेवफ़ा मिली।।

वफ़ा की तलाश में थे हम दोनों लेकिन,
हमें कहीं ज़ुल्म[3] तो कहीं पे जफ़ा[4] मिली।।

कैसे कहूँ कि ज़िंदगी मुस्कुराने लगी है,
मुझे तो साथ ज़िंदगी के बस क़ज़ा[5] मिली।।

ये तो तुम ही जानो कि तुम्हें क्या मिला,
मुझे तो साथ काँटों के, बस ख़िज़ाँ[6] मिली।।

●●●

---

1. मौसम, 2. सहमति, 3. प्रताड़ना, 4. अत्याचार, 5. मौत, 6. पतझड़

27.
पड़ा हूँ मैं

अजीब-सी कश्मकश[1] में फिर पड़ा हूँ मैं।
ज़माने बाद तुम्हारा ख़त जो पढ़ा हूँ मैं।।

जानता हूँ, हक़ीक़त नहीं ख़्वाब हो तुम,
ख़यालों में तभी तो, अभी तक बना हूँ मैं।।

मेरी वफ़ा पे अब तो न कोई तंज़[2] करे,
था मैं जहाँ, वहीं आज भी खड़ा हूँ मैं।।

सोचता हूँ तुमको फिर से अपना लूँ मैं,
लेकिन क्या करूँ, इक हद[3] से बँधा हूँ मैं।।

तुम जो भी कहो, सब गवारा[4] है मुझको,
बदौलत तुम्हारे ही तो आदमी बना हूँ मैं।।

हमसफ़र भले तुम किसी और की हो पर,
सफ़र में साथ तुम्हारे, कई बार चला हूँ मैं।।

न इल्म[5] मुझे अब दिन का है, न रात का,
दीवाना इस क़दर अब तुम्हारा हुआ हूँ मैं।।

●●●

---

1. पशोपेश, 2. उपहास, 3. सीमा, 4. स्वीकार, 5. समझ

28.
तेरी मज़ार पे

जला रहा हूँ दीये कब से तेरी मज़ार[1] पे।
नाज़[2] होगा अब तो तुझे भी, मेरे प्यार पे।।

क़िस्मत में थी ख़िज़ाँ, जो मुझे मिल गई,
रोएँ क्या अब हम, रुख़सत-ए-बहार[3] पे।।

ज़िंदगी तो चलती बड़े मज़े से लेकिन,
क्या करें, तुम्हीं न चले, किए क़रार[4] पे।।

ता-उम्र साथ चलने की खाई थी कसमें,
लेकिन खा गए धोका, तेरे इसी ऐतबार पे।।

इतना भी ज़ुल्म न कर, तू ऐ मोहब्बत,
कैसे करेगा भरोसा कोई, अपने यार[5] पे।।

ज़िंदगी ने ढाए हैं, कैसे-कैसे ये सितम[6],
कि कैसे करें यक़ीन हम, परवरदिगार[7] पे।।

●●●

---

1. क़ब्र, 2. गर्व, 3. पतझड़, 4. समझौता, 5. दोस्त, 6. अत्याचार, 7. ईश्वर

29.
कुछ भी मलाल तुमसे

अब न रहा कुछ भी मलाल[1] तुमसे।
हो गया हूँ जब से बेख़याल[2] तुमसे।।

रहा ही न जब कोई राब्ता[3] मुझसे,
क्या बताऊँ फिर अपना हाल तुमसे।।

सोचा था ज़िंदगी ये सँवरेगी तुमसे,
लेकिन हो गई और बदहाल तुमसे।।

गिराई तो हैं तुमने ख़ूब बिजलियाँ,
पर कहूँ कुछ, क्या मजाल[4] तुमसे।।

कोशिशें तो की बहुत मुस्कुराने की,
लेकिन रहा हर वक़्त बेहाल[5] तुमसे।।

साथ तुम मेरे चले न क्यूँ, दो क़दम,
है बस यही आख़िरी सवाल तुमसे।।

●●●

---

1. दुःख, 2. लापरवाह, 3. संपर्क, 4. हिम्मत, 5. परेशान

30.
आज भी

ज़माने बाद भी तुम्हारा इंतिज़ार है, आज भी।
कल की तरह ही दिल बेक़रार है, आज भी।।

जानता हूँ तुम किसी और की अमानत[1] हो अब,
लेकिन मुझे तो तुम्हीं से ही प्यार है, आज भी।।

ये और बात है कि रौशन है ये सारी दुनिया,
लेकिन मकाँ में मेरे तो अँधकार है, आज भी।।

सच है कि तुमको देखे एक ज़माना गुज़र गया,
पर तुम्हीं से ही दिन मेरा गुलज़ार[2] है, आज भी।।

इस बात का कोई जवाब नहीं है पास मेरे कि,
तुम्हारे बिन आता क्यूँ नहीं क़रार है, आज भी।।

तुम्हारी ही ख़ुशबू से महकती मेरी दुनिया है,
तुम्हारी ही वज़ह से छाई ये बहार है, आज भी।।

मैं तुम्हें कभी बेदर्द, बेवफ़ा कह नहीं सकता,
तुम्हारी वफ़ा पे मुझे इतना ऐतबार है, आज भी।।

●●●

1. धरोहर, 2. आनंद से भरा

31.
प्यार में

सौदा[1] किया ऐसा उसने प्यार में।
खड़े हों जैसे हम सरे बाज़ार में।।

मेरी थी, मेरी है, मेरी रहेगी वो,
खा गए धोका, इसी ऐतबार में।।

मिलकर उससे इतना तो जाना,
कि मज़ा तो है बस, इंतिज़ार में।।

ख़िज़ाँ ने इतना ज़ुल्म ढाया कि,
रौनक़ दिखी न कभी, बहार में।।

दूर, इतना दूर हो गया वो मुझसे,
कि रहा न अब मेरे अख़्तियार[2] में।।

खुलकर अब तो कुछ कह लेने दो,
होते हैं कहाँ कान अब, दीवार में।।

रिश्ते ये, बस यूँ ही महकते रहें,
हो इतनी ख़ुशबू, अपने दयार[3] में।।

●●●

1. व्यापार, 2. अधिकार, 3. घर

32.
ऐतबार को मिले

सज़ा न इतनी कभी मेरे ऐतबार को मिले।
सिला[1] कुछ तो कहीं हमारे प्यार को मिले।।

इक मुद्दत से तेरी ही राह में खड़ा हूँ मैं,
मंज़िल अब तो कोई मेरे इंतिज़ार को मिले।।

बेक़रार करके रक्खा है हमें तो ज़माने से,
क़रार कुछ तो अब दिले बेक़रार को मिले।।

जीती है बाज़ी जिसने, वह तो सिकंदर है,
इनाम लेकिन कुछ तो मेरी हार को मिले।।

भले ही तूफ़ाँ ने डुबोया हो सफ़ीना[2] मेरा,
इल्ज़ाम[3] मगर कुछ तो पतवार को मिले।।

सहरा[4] बन गया है जिस तरह से ये चमन,
ख़िज़াँ[5] न ऐसी कभी किसी बहार को मिले।।

●●●

1. इनाम, 2. नाव, 3. आरोप, 4. रेगिस्तान, 5. पतझड़

33.
पशेमान बहुत हूँ

कुछ कहके तुमसे, पशेमान[1] बहुत हूँ।
मैं अपनी ज़िंदगी से हैरान बहुत हूँ।।

मोहब्बत अब तो जान पे बन आई है,
इसी बात को लेकर परेशान बहुत हूँ।।

बहारें भले ही मुझ पर दम[2] भरती हों,
गुलिस्ताँ में लेकिन मैं वीरान बहुत हूँ।।

अपनी नज़र से ख़ुद को क्या देखूँ मैं,
ग़ैरों की नज़र में भला इँसान बहुत हूँ।।

रुसवा[3] तो किया है बहुत मेरी वफ़ा को,
यह जानकर भी रहता अंजान बहुत हूँ।।

तुम्हारी ख़ातिर बंद हमने ज़ुबाँ रक्खी है,
और तुम कहते हो, मैं नादान बहुत हूँ।।

●●●

1. शर्मिन्दा, 2. हिम्मत, 3. अपमानित

34.

हर बार किया है

ये ज़ुल्म तो उसने हर बार किया है।
रुसवा[1] मुझको सर-ए-बाज़ार किया है।।

नफ़रत के सिवा कभी कुछ न दिया,
बस बार-बार दिल को बेज़ार[2] किया है।।

बातों पे न रहा यक़ीन उसके लेकिन,
वादों पे उसके हमने ऐतबार किया है।।

बदले वफ़ा हमने बस वफ़ा किया है,
इसी ख़ता ने तो हमें दाग़दार[3] किया है।।

खुले तो हैं दर[4] भी, दरीचे[5] भी लेकिन,
बीच में खड़ी उसने दीवार किया है।।

न आना था उसे, न आया ही वो कभी,
फिर भी हमने उसका इंतिज़ार किया है।।

●●●

---

1. अपमानित, 2. दुःखी, 3. कलंकित, 4. दरवाज़े, 5. खिड़कियाँ

35.
मेहमान भी नहीं था

दिल का मेरे वह मेहमान भी नहीं था।
भूलना लेकिन उसे आसान भी नहीं था।।

दिल को लाख समझाया हमने लेकिन,
उसको देखे बिना इत्मीनान भी नहीं था।।

उसे छत पे देखा तो लगा कि ईद है,
चल रहा जबकि रमजान[1] भी नहीं था।।

ये थी दिल्लगी, जो जाने कैसे हो गई,
मैं तो उसपे कभी मेहरबान भी नहीं था।।

अपने पास तो बस इक टूटी छत थी,
घर में और कोई सामान भी नहीं था।।

पत्थर की सीरत[2] को हमने भी देखा है,
आईने पे इसलिए मैं हैरान भी नहीं था।।

●●●

---

1. इस्लामी नवाँ महीना, 2. स्वभाव

36.
सजाए बैठा हूँ

आज भी ख़्वाब तुम्हारा सजाए बैठा हूँ।
तेरी तस्वीर को सीने से लगाए बैठा हूँ।।

जानता हूँ दस्तूर[1] मैं तो ख़ूब ज़माने का,
दर्द इसीलिए ज़माने से छुपाए बैठा हूँ।।

पिया तो नहीं मय[2] कभी तेरी आँखों का,
होश क्यूँ फिर इतना मैं गँवाए बैठा हूँ।।

रुसवा[3] मुझको चाहे जितना भी कर लो,
ज़िंदगी अपनी, तुमको ही बनाए बैठा हूँ।।

मेरे पहलू[4] में तुम आओ, आओ, न आओ,
फूल अरमानों का मैं तो खिलाए बैठा हूँ।।

क्या पता मुझको क्या देगा मौला[5] लेकिन,
दर[6] पे उसके ही मैं सर झुकाए बैठा हूँ।।

●●●

---

1. परिपाटी, 2. शराब, 3. बदनाम, 4. पास, 5. ईश्वर, 6. स्थान

37.
कितना हारा हुआ

कितना टूटा हुआ, कितना हारा हुआ।
आदमी तो हूँ मैं, वक़्त का मारा हुआ।।

लाई ज़िंदगी हमें इस मक़ाम[1] पे कि,
किसी तरह बस यूँ ही गुज़ारा हुआ।।

आरज़ू थी कि कटे ज़िंदगी प्यार से,
लेकिन ज़माने को कहाँ गवारा[2] हुआ।।

जितनी साहिल[3] की हमने तमन्ना की,
सामना भँवर से उतना ही हमारा हुआ।।

डूब तो जाते दरिया में कब के हम,
तिनकों का लेकिन कुछ सहारा हुआ।।

हालत कश्ती की तो वही हो गई है,
आँखों से ओझल[4] जैसे किनारा हुआ।।

तिश्नगी[5] दिल की रह गई दिल में ही,
पानी आँखों का इस तरह खारा हुआ।।

●●●

1. स्थान, 2. स्वीकार, 3. किनारा, 4. ग़ायब, 5. प्यास

38.
और कहाँ तलाशूँ

सुकूँ[1] तेरी आँखों के सिवा; और कहाँ तलाशूँ।
बीमार इस दिल की दवा; और कहाँ तलाशूँ।।

आ के इस मोड़ पे कोई तो बताए ये हमें,
रास्ता कोई और नया; और कहाँ तलाशूँ।।

उम्र तो गुज़र गई इक ख़ुदा की तलाश में,
ख़ुदा कोई और दूसरा; और कहाँ तलाशूँ।।

पढ़े तुम-सा जो मेरे दिल-ए-जज़्बात को,
आईना कोई और ऐसा; और कहाँ तलाशूँ।।

पी के जाम[2] तेरी आँखों का, सुरूर[3] में हूँ मैं,
मैं ऐसा साक़ी[4], ऐसा नशा; और कहाँ तलाशूँ।।

बनके ख़ुशबू जो मेरे दिल को महकाती है,
मैं ऐसी ख़ुशबू-ए-हवा; और कहाँ तलाशूँ।।

---

1. शान्ति, 2. शराब, 3. नशा, 4. शराब पिलाने वाला

बनके मोहब्बत तू मेरी रूह[5] में बसती है सदा,
भीनी-भीनी मैं ऐसी वफ़ा; और कहाँ तलाशूँ।।

फ़ना तो हुए हैं तेरी अदा[6] पे सौ-सौ बार हम,
बताओ तुम्हीं, ऐसी ही क़ज़ा[7]; और कहाँ तलाशूँ।।

●●●

---

5. आत्मा, 6. हाव-भाव, 7. मौत

39.
गुलाब ढूँढ़ रहा हूँ

दिया हुआ किसी का सुर्ख़[1] गुलाब ढूँढ़ रहा हूँ।
छुपाके रखा था जिसमें, वो किताब ढूँढ़ रहा हूँ।।

ज़माने बाद जैसे फिर वही रुत[2] लौट आई है,
ज़माने बाद जैसे फिर वही ख़्वाब ढूँढ़ रहा हूँ।।

सवाल-जवाब का दौर गुज़र तो गया है लेकिन,
उसके सवाल का मैं अब भी जवाब ढूँढ़ रहा हूँ।।

दीवानगी नहीं इसे तो, और क्या कहेंगे लोग,
जुगनुओं के शहर में जो आफ़ताब[3] ढूँढ़ रहा हूँ।।

तिश्नगी मेरी ये बरक़रार है शायद इसलिए कि,
अभी भी मैं उसकी देह[4] में, वही ताब[5] ढूँढ़ रहा हूँ।।

चल रही है बेहिसाब ज़िंदगी मेरी, जाने कब से,
मुद्दत से जबकि उसी का हिसाब ढूँढ़ रहा हूँ।।

●●●

1. लाल, 2. मौसम, 3. सूरज, 4. शरीर, 5. गरमी

40.
किधर जा रहे हैं

किधर को चले थे हम, किधर जा रहे हैं।
अजनबी[1] ये रास्ते हमें, ख़ूब भटका रहे हैं।।

कहते हैं लोग, गूँगी-बहरी है ये दुनिया,
दास्ताँ फिर हम अपनी, किसे सुना रहे हैं।।

हमने पूछा ही कहाँ हाल-ए-दिल उनका,
बेख़ुदी[2] जो अपनी वो, मुझको बता रहे हैं।।

मेरी ज़िंदगी से रहा राब्ता[3] जब न कोई,
रेत का महल फिर, क्यूँ वो बना रहे हैं।।

जो भी हो मंज़ूर[4] उन्हें, कर लें फ़ैसला वो,
क्यूँ बार-बार बातें कोई, नई बना रहे हैं।।

लगती हो हया[5] तो गिरा लें चिलमन[6] वो,
देखकर क्यूँ हमको, नज़रें वो झुका रहे हैं।।

●●●

1. अपरिचित, 2. अचैत्यनता, 3. संबंध, 4. पसंद, 5. शर्म, 6. परदा

41.
उदास हो के

कभी तन्हा तो कभी उदास हो के।
रहा दूर सदा वो मेरे पास हो के।।

उस रंग को भला मैं क्यूँ बेरंग कहूँ,
छाया रहा जो हमपे एहसास हो के।।

रोज़ लगाता रहा वो तोहमतें[1] मगर,
पाक[2] दामन[3] रहा मेरा बेलिबास हो के।।

कल तक मुझसे जो जुदा-जुदा रहा,
आज वही ढूँढ़ रहा है मुझे बदहवास[4] हो के।।

ता-उम्र जो शख़्स ख़ुद बेलिबास रहा,
खड़ा है वही आज मेरा लिबास हो के।।

क्यूँ मायूस[5] किया उसने, धोका दिया,
मेहमाँ-ए-दिल मेरा, वो ख़ास हो के।।

किस-किस तरह मुझको फेटा[6] गया,
कि रह गया मैं पत्ता-ए-तास हो के।।

●●●

1. आरोप, 2. पवित्र, 3. शरीर, 4. परेशान, 5. निराश, 6. अलटा-पलटा

42.

नींदें उड़ा गया

ये कौन है, जो मेरी नींदें उड़ा गया।
ख़्वाबों में आकर मुझको जगा गया।।

हमने तो किया उसपे भरोसा बहुत,
लेकिन वह तो आईना दिखा गया।।

जाने क्यूँ रक्खा नहीं उसने संभाल के,
पढ़ के ख़त मेरा, गंगा में बहा गया।।

जिरह[1] तो हुई खुली अदालत में लेकिन,
बंद कमरे में वह फ़ैसला सुना गया।।

आया न दर[2] पे मेरे जीते-जी, जो कभी,
अरथी[3] को मेरे वही कांधा लगा गया।।

क्या कहें, रिश्ता क्या था उससे मेरा,
क़ब्र पे मेरे, जो दो आँसू गिरा गया।।

●●●

1. बहस, 2. दरवाज़ा, 3. टिकठी

43.
वफ़ा की थी

जुस्तजू[1] तो बस वफ़ा की थी।
फ़िक्र[2] कहाँ हमें जहाँ की थी।।

पूछ लेता वो बस, हाल हमारा,
ज़रूरत कहाँ फिर दवा की थी।।

चाहत घर में इक दरीचे[3] की थी,
आरज़ू कहाँ, बहुत हवा की थी।।

वैसे तो कोई बड़ी बात न थी,
बात तो बस इक ख़ता[4] की थी।।

नहीं मिला वो तो अब क्या करें,
मर्ज़ी[5] शायद यही ख़ुदा की थी।।

उसे इतनी बड़ी ये सज़ा क्यों,
उसने ऐसी ख़ता कहाँ की थी।।

क़ैदखाने से मिलती राहत कैसे,
अदालत ने मुकर्रर[6] सज़ा की थी।।

●●●

1. तलाश, 2. चिंता, 3. झरोखे, 4. भूल, 5. इच्छा, 6. निश्चित

44.
हाथ में है

ख़त उसका, जो मेरे हाथ में है।
लग रहा है जैसे, वो साथ में है।।

वो है तो रौशन है दुनिया मेरी,
वरना रक्खा क्या इस रात में है।।

उसकी ज़बाँ[1] की तारीफ़ क्या,
शहद घुली जैसे हर बात में है।।

उसका हँसना लगे कुछ ऐसे,
धूप खिली जैसे बरसात में है।।

एक मुद्दत से देखा नहीं लेकिन,
संग[2] वो यादों की बारात में है।।

कैसे कहूँ उसको मैं भला बेवफ़ा,
बसी वो तो मेरे हर साँस में है।।

●●●

---

1. बोली, 2. साथ

45.
हारा हुआ हूँ मैं

अपनों से ही हारा हुआ हूँ मैं।
वक़्त का भी मारा हुआ हूँ मैं।।

चलते-चलते यूँ गिर पड़ा था,
खड़ा ये तो दुबारा हुआ हूँ मैं।।

कल तक तो सहारा था मगर,
आज फिर बेसहारा हुआ हूँ मैं।।

तुम तो हो चाँद, चौदहवीं का,
बादल तो आवारा[1] हुआ हूँ मैं।।

मिलेंगी कहाँ लहरें साथ अब,
समंदर का किनारा हुआ हूँ मैं।।

तिश्नगी[2] मिटेगी कहाँ अब मुझसे,
पानी ऐसा जो खारा हुआ हूँ मैं।।

कैसे लोगे तुम मुझे आग़ोश[3] में,
अभी कहाँ तुम्हारा हुआ हूँ मैं।।

●●●

---

1. निकम्मा, 2. प्यास, 3. आलिंगन

46.

दिन-रात, वो मेरे

रहते हैं ख़यालों में दिन-रात, वो मेरे।
कैसे कहूँ कि नहीं हैं साथ, वो मेरे।।

दिन भर जो आँखों में समाए रहते हैं,
बन जाते हैं रातों में ख़्वाब, वो मेरे।।

मेरी मोहब्बत तो बेदाग़ है, ज़माने में,
न लगाएं दिल पे कोई दाग़, वो मेरे।।

उनकी दुनिया से तो मैं चला जाऊँगा,
गर कह दें दिल पे रखके हाथ, वो मेरे।।

अफ़साना[1] उन्हें क्या सुनाऊँ, मैं अपना,
सुनते कहाँ हैं दिल की बात, वो मेरे।।

शिकवे-गिले जो भी हैं, रहने दें उन्हें,
तूल[2] न दें यूँ बात को, बेबात[3] वो मेरे।।

●●●

---

1. किस्सा, 2. बढ़ावा, 3. अनावश्यक

47.
महक रहा हूँ मैं

उसकी ही आँखों में महक रहा हूँ मैं।
बन के धड़कन, यूँ धड़क रहा हूँ मैं।।

दो घूँट क्या पिलाया आँखों से उसने,
कि नशे में आज भी बहक रहा हूँ मैं।।

मोहब्बत करने का ही तो ये सिला[1] है,
कि कई आँखों में खटक रहा हूँ मैं।।

मेरे हिस्से में कहाँ वस्ल[2] की रात है,
हिज्र[3] की ही आग में दहक रहा हूँ मैं।।

मेरा कोई आशियाँ, न कोई नशेमन[4] है,
दर-दर इसीलिए तो भटक रहा हूँ मैं।।

मैं आईना नहीं कि टूट के बिखर जाऊँ,
पत्थर हूँ, इसलिए बस चटक रहा हूँ मैं।।

●●●

---

1. परिणाम, 2. मिलन, 3. विछोह, 4. घोंसला

48.
दग़ा उसी ने किया

की जिससे वफ़ा, दग़ा[1] उसी ने किया।
साथ मेरे रोज़ जफ़ा[2], उसी ने किया।।

हम तो चले थे मंज़िल की तलाश में,
बंद लेकिन मेरा रास्ता, उसी ने किया।।

थी इलित्जा[3] उसी की, कि रहें हम साथ,
पर अपने से हमें जुदा[4], उसी ने किया।।

जिसकी ख़ातिर जलाए थे चराग़ हमने,
घर में मेरे घोर अँधेरा, उसी ने किया।।

क्यूँ कहें उसे अब हम, अपना बाग़बाँ[5],
बर्बाद तो मेरा गुलिस्ताँ[6], उसी ने किया।।

भला-बुरा उसे अब मैं कहूँ, क्या भला,
ज़ुल्म[7] तो मुझपे बेइंतिहा[8], उसी ने किया।।

●●●

1. धोका, 2. अत्याचार, 3. प्रार्थना, 4. अलग, 5. माली, 6. बाग़, 7. अन्याय, 8. असीम

49.
तेरा प्यार है

झूठा, झूठा-सा तेरा प्यार है।
तेरी बातों पे कहाँ ऐतबार है।।

ये दिल कल भी बेक़रार था,
ये दिल आज भी बेक़रार है।।

तुझे हो, न हो मेरा इंतिज़ार,
मुझे तो तेरा ही इंतिज़ार है।।

बाग़ में खिले फूल न हों तो,
कैसे कहें कि बाग़ गुलज़ार[1] है।।

तुम आओ तो न जाने क्या हो,
अभी तो ज़िंदगी बस, बेज़ार[2] है।।

तेरे वादों पे रहा कहाँ भरोसा,
तुझपे भी कहाँ अख़्तियार[3] है।।

●●●

1. हरा-भरा, 2. दुःखी, 3. अधिकार

50.

ग़मज़दा हो गया हूँ

कितना तन्हा व ग़मज़ंदा[1] हो गया हूँ।
जब से तुमसे मैं जुदा हो गया हूँ।।

दो दिन पहले फ़क़त[2] पत्थर था मैं,
दो दिन में ही देवता हो गया हूँ।।

मैं तो रहा उथली[3] नदी की मानिंद[4],
समंदर-सा अब गहरा. हो गया हूँ।।

पास तुम्हारे, कभी हम थे जितने,
दूर तुमसे अब उतना हो गया हूँ।।

ख़ुद से भी नहीं मिलती नज़र अब,
क्या करूँ, इतना बुरा हो गया हूँ।।

रूठे ग़ैरों को मनाऊँ अब किसलिए,
अपनों से ही जब ख़फ़ा[5] हो गया हूँ।।

●●●

---

1. दुःखी, 2. सिर्फ़, 3. सतही, 4. समान, 5. नाराज़

51.
रहने तो दो

ना-ना कहना अभी रहने तो दो।
बात अपनी मुझको कहने तो दो।।

सुबह तो होगी इस रात की भी,
इस रात को पहले ढलने तो दो।।

मिट जाएगा अँधेरा ज़िंदगी का,
उम्मीदों का सूरज उगने तो दो।।

बदल जाएंगे ख़्वाब हक़ीक़त में,
ख़्वाब कोई पहले गढ़ने तो दो।।

ले लेंगे फ़ैसला ज़िंदगी का हम,
ज़िंदगी को पहले पढ़ने तो दो।।

आएगी इस ख़िज़ाँ[1] में भी बहार,
बस गुल कोई इक खिलने तो दो।।

मिट जाएंगे रंजोग़म[2] सब ज़िंदगी के,
साथ अपने हमें बस चलने तो दो।।

●●●

---

1. पतझड़, 2. कष्ट

52.
जो ये प्यार है

दरमियाँ[1] हमारे-तुम्हारे जो ये प्यार है।
महक रहा इसी से अपना घर-बार है।।

कलियों, फूलों; किसी से भी पूछ लो,
तुम्हीं से ही रोशन, ये सारी बहार है।।

तुम्हारे ही प्यार की फैली है ख़ुशबू,
तुम्हारे ही दम[2] से दुनिया गुलज़ार[3] है।।

है तुम्हारी मोहब्बत का ही ये असर,
कि आया मेरे चेहरे पे ये निखार है।।

तुम्हारे लिए भटकता रहा मैं बेक़रार,
मिल गए तुम तो आ गया क़रार है।।

जो तुम नहीं साथ तो कुछ भी नहीं,
तुम्हीं से ही तो लगी सारी बाज़ार है।।

●●●

---

1. मध्य, 2. बलबूते, 3. आवासित

53.
कैसी शाइस्तगी है

पत्थर में ये कैसी शाइस्तगी[1] है।
आईने से भी बढ़कर सादगी है।।

अपने चराग़ पे बस भरोसा कर,
बाहर न देख, कितनी तीरगी[2] है।।

ख़ुलूस[3] अब यहाँ मिलता कहाँ है,
दिखती कहाँ अब यहाँ दोस्ती है।।

किसी से करें अब शिकवा क्या,
दिख रहा कौन यहाँ आदमी है।।

चराग़ों से ही रोशन दुनिया है,
अँधेरों में फैली हुई रोशनी है।।

ये जो ख़ुशबुएँ हैं दरमियाँ[4] हमारे,
उन्हीं से तो बहार-ए-ज़िंदगी है।।

●●●

---

1. शिष्टता, 2. अँधेरा, 3. निष्कपटता, 4. मध्य

54.
न मर रहा हूँ

न मैं जी रहा हूँ, न मर रहा हूँ।
रोज़ नए हादसों से गुज़र रहा हूँ।।

ग़ैरों पे लगाऊँ तोहमतें मैं क्या,
अपनी ही नज़र से उतर रहा हूँ।।

दो क़दम चलूँ मैं साथ किसके,
कहाँ मैं अहल-ए-सफ़र[1] रहा हूँ।।

नज़र न आई मुझे मंज़िल अभी,
भटक तभी, इधर-उधर रहा हूँ।।

उसको भी न आया मुझपे तरस[2],
झुकाए दर[3] पे जिसके सर रहा हूँ।।

बन गया हूँ अब तो मैं भी सहरा[4],
कभी तो मैं भी समंदर रहा हूँ।।

●●●

1. साथ चलने वाला, 2. दया, 3. स्थान, 4. रेगिस्तान

55.
बता दिया है

बेवफ़ाई तेरी ज़माने को बता दिया है।
तेरे सारे ख़तों को हमने जला दिया है।।

रोज़ जमाते थे तुम मुझपे रंग[1] अपना,
आज हमने भी रंग[2] अपना दिखा दिया है।।

जिस रिश्ते को तुमने यूँ ही ख़त्म किया,
उसमें कुछ ज़हर हमने भी मिला दिया है।।

तुमने तो लगाई थी आग में ही आग,
हमने तो आग, पानी में लगा दिया है।।

दिन में दिखलाए थे तुमने तारे बहुत,
रात में सूरज हमने भी उगा दिया है।।

अब न रहा कोई रंज[3], न कोई मलाल[4],
तेरी गुस्ताख़ियों[5] को हमने भुला दिया है।।

●●●

---

1. रोब, 2. स्वभाव, 3. दुःख, 4. पश्चाताप, 5. धृष्टताओं

56.
असर है

मोहब्बत का ही तो असर है।
ख़ूबसूरत जो इतना सफ़र है।।

है ज़िंदगी तो ये हसीन[1] बहुत,
देखने को अगर इक नज़र[2] है।।

मंज़िल पे तो है नज़र हमारी,
माना, लम्बी अभी रहगुज़र[3] है।।

हाल पूछो न नादाँ दिल का,
जो उधर है, वही इधर है।।

किसी के हिस्से में ज़मीं है तो,
किसी के हिस्से में अम्बर[4] है।।

पास आके ही दिखती हैं लहरें,
दूर से दिखता तो बस समंदर है।।

मिट गईं हैं दूरियाँ अब तो सारी,
गाँव में ही बसने लगा शहर है।।

●●●

---

1. सुंदर, 2. दृष्टि, 3. रास्ता, 4. आकाश

57.

घर, घर लगता है

तुम हो तो घर, घर लगता है।
प्यार का एक मंदिर लगता है।।

महक उठते हैं घर के ज़र्रे-ज़र्रे[1],
दिल भी ख़ुशबू से तर[2] लगता है।।

तुम्हारी हँसी से घर इठलाता है,
हसीन दीवार-ओ-दर लगता है।।

साथ तुम्हारे चहल-क़दमी से,
ख़ुशनुमा हर पहर[3] लगता है।।

साथ जब तुम हँसती-बोलती हो,
तब ये और भी सुन्दर लगता है।।

रोशन होते हैं घर के कोने-कोने,
चप्पा-चप्पा[4] संगमरमर लगता है।।

साथ होती हो तुम तो फिर क्या,
हसीं ज़िंदगी का सफ़र लगता है।।

---

1. कण-कण, 2. भीगा हुआ, 3. समय, जो तीन घंटे का होता है, 4. कोना-कोना

लग न जाए नज़र हमपे किसी की,
ज़माने से कभी-कभी डर लगता है।।

बात दिल की तो ज़ुबाँ ने कह दी,
तुम नहीं तो घर, कहाँ घर लगता है।।

●●●

58.
कुछ मसला होगा

कुछ-न-कुछ तो मसला[1] होगा।
वरना कौन यूँ ही बेवफ़ा होगा।।

ग़ैरों से होगा भला शिकवा क्या,
अपनों से ही कुछ गिला[2] होगा।।

धूप से करते हो गुरेज़[3] क्यूँ इतना,
हर वक़्त साथ कहाँ साया[4] होगा।।

ग़ैरों से मिली उसे मोहब्बत होगी,
अपनों से तभी इतना ख़फ़ा[5] होगा।।

चलो आज जी भर के जी लेते हैं,
कल का क्या पता कि क्या होगा।।

फूंक-फूंक कर रखता है वह क़दम,
ज़रूर उसे चुभा कभी काँटा होगा।।

●●●

1. मामला, 2. शिकायत, 3. परहेज़, 4. परछाई, 5. नाराज़

59.
थोड़ी ख़ुशी हो

थोड़ा ग़म, थोड़ी ख़ुशी हो।
कुछ इसी तरह ज़िंदगी हो।।

मुट्ठी में आसमाँ हो, न हो,
क़दमों तले लेकिन ज़मीं हो।।

हो मोहब्बत का रंग कुछ यूँ,
कि बेरुख़ी[1] में भी बेख़ुदी[2] हो।।

साथ ज़िंदगी के कुछ भी हो,
लेकिन आँखों में न नमी हो।।

बाहर भी न कहीं अँधेरा हो,
लेकिन घर में भी रोशनी हो।।

किए जा करम[3] तू ज़माने में,
साथ नेकी[4] हो कि बदी[5] हो।।

लुटा देंगे उसपे अपनी वफ़ा,
शर्त है, कुछ तो दिल्लगी[6] हो।।

●●●

1. उपेक्षा, 2. मस्ती, 3. उपकार, 4. अच्छाई, 5. बुराई, 6. प्रेम

60.
इतना उदास क्यूँ है

बता, ऐ दिल, इतना उदास क्यूँ है।
ग़म ज़माने का, तेरे ही पास क्यूँ है।।

तूने तो बदल डाली है दुनिया मेरी,
तुझे नहीं इसका एहसास क्यूँ है।।

मोहब्बत है जेठ[1] की इक दोपहरी,
लग रहा मुझे फिर मधुमास क्यूँ है।।

डूबा तो हूँ तेरी आँखों के समंदर में,
बुझती नहीं फिर दिल की प्यास क्यूँ है।।

कर दिया जिसने वफ़ा को घायल,
ऐसी मोहब्बत, आई ही रास[2] क्यूँ है।।

लोग कहते हैं जिसे वहशी[3] दीवाना,
मेहमाँ मेरे दिल का वही, ख़ास क्यूँ है।।

●●●

1. हिन्दू पंचाग का एक महीना, जिसमें भीषण गर्मी पड़ती है, 2. पसन्द, 3. जंगली

61.
न ही दूर जा सके

न आ सके पास हम, न ही दूर जा सके।
इस तरह प्यार को हम, कहाँ निभा सके।।

अफ़साने[1] तो रोज़ नए गढ़ते रहे हम मगर,
न सुन सके उनकी, न अपनी सुना सके।।

ज़िंदगी बनके रह गई है इक पहेली[2] अब,
जिसे हम न बूझ[3] सके, न ही सुलझा सके।।

सुलग रही है जो चिंगारी हरदम सीने में,
उसे न हम जला सके, न ही बुझा सके।।

दिल की बात सब, रह गई है दिल में ही,
कहाँ कुछ कह सके, कहाँ कुछ बता सके।।

जज़्बात हो गए हैं इस तरह लहूलुहान कि,
ज़ख़्म हम अपना, कहाँ कभी दिखा सके।।

---

1. किस्से, 2. गूढ़ बात, 3. समझ

हर वक़्त रही ज़माने की ऐसी नज़र कि,
न सामने आ सके, न ख़ुद को छुपा सके।।

ज़ुबाँ को बेज़ुबाँ कर गई ऐसी ये दुनिया,
कि खुल के न गा सके, न गुनगुना सके।।

चलते-चलते आ गए अब इस मक़ाम[4] पे कि,
आगे और न जा सके, न लौट के ही आ सके।।

●●●

4. स्थान

62.

बसता चला गया

धीरे-धीरे दिल में बसता चला गया।
रूह[1] में उसके मैं, उतरता चला गया।।

रवानी[2] तो है उसमें समंदर की मानिंद[3],
डूबकर जिसमें मैं, बहता चला गया।।

देखा क्या इक हसीं नज़र से उसने,
कि पहलू में उसके, छुपता चला गया।।

क़ुबूल क्या किया उसने मोहब्बत हमारी,
कि अपनी नज़र में मैं, चढ़ता चला गया।।

हाथों से पकड़ी क्या उसने उंगलियाँ,
कि साथ उसके मैं, चलता चला गया।।

बनके जोगन[4] डाली उसने ऐसी नज़र,
कि बनके जोगी[5], मैं रमता[6] चला गया।।

●●●

1. आत्मा, 2. बहाव, 3. समान, 4. महिला सन्यासी, 5. सन्यासी, 6. चलता-फिरता

63.
ज़िंदगी न बन

दो दिन के लिए ज़िंदगी न बन।
मेरी दिलरुबा[1], मेरी हमनशीं[2] न बन।।

ख़यालों में भले ही आए-जाए तू,
हक़ीक़त में लेकिन दिलकशी[3] न बन।।

अँधेरों के आग़ोश[4] में भले हूँ मैं,
मगर मेरे लिए तू रोशनी न बन।।

इस सफ़र को यूँ ही चलने दे,
मंज़िल तू मेरी, यूँ अभी न बन।।

जैसे जी रहा हूँ, वैसे ही जीने दे,
कभी भी मेरी, तू बेबसी[5] न बन।।

ग़म से ही तो अब मेरा राब्ता[6] है,
इसलिए कभी मेरी ख़ुशी न बन।।

●●●

---

1. प्रेमिका, 2. साथी, 3. आकर्षण, 4. घेरे, 5. लाचारी, 6. रिश्ता

64.
और तन्हाई है

रात है, ग़म है और तन्हाई है।
अजीब-सी तेरी ये जुदाई है।।

दिल में रहके भी मुझसे दूर है,
ग़ज़ब की उसकी आशनाई[1] है।।

आईना था जो, वो पत्थर हुआ,
ख़ुदा की कैसी ये ख़ुदाई[2] है।।

सुनता नहीं, दिल की धड़कन,
क्या करूँ, बड़ा ही हरजाई है।।

लगा रही आग ये पछुआ पवन,
कहाँ छुपी हुई आज पुरवाई है।।

वो, जो मेरे घर की ज़ीनत[3] थी,
लगती क्यूँ वह अब पराई है।।

---

1. प्रेम, 2. महिमा, 3. शोभा

धड़कता है दिल, तेरे ही नाम से,
फिर कहाँ, ये मेरी बेवफ़ाई है।।

फ़साना[4] औरों का नहीं है यह,
दास्ताँ[5] अपनी ही तो सुनाई है।।

●●●

---

4. किस्सा, 5. कहानी

65.
मिटा के आया हूँ

नाम-ओ-निशाँ[1] सब मिटा के आया हूँ।
तेरे सारे ख़तों को मैं जला के आया हूँ।।

अब उठेगी न कोई हूक[2], दिल में मेरे,
दर्द को दिल में, मैं दबा के आया हूँ।।

नहीं ज़िंदा कोई तिश्नगी[3] अब मुझमें,
तिश्नगी अपनी मैं बुझा के आया हूँ।।

आग लगाएगा कोई क्या अब दिल में,
दिल को पत्थर का बना के आया हूँ।।

दाग़ लगाए न कोई अब मेरे जिस्म पे,
आख़िरी बार आज मैं नहा के आया हूँ।।

जलेंगे कहाँ कोई चराग़ अब वे भला,
हवाले कर जिन्हें मैं हवा के आया हूँ।।

मेरे बाद रुसवा[4] अब तो मोहब्बत होगी,
दास्ताँ[5] कुछ ऐसी मैं सुना के आया हूँ।।

●●●

---

1. पहचान, 2. पीड़ा, 3. प्यास, 4. अपमानित, 5. कहानी

66.
न ही ज़िंदगी मिली

न मौत मिली, न ही ज़िंदगी मिली।
इश्क़ में भला, ये कैसी बेख़ुदी[1] मिली।।

ता-उम्र रही तिश्नगी[2] साथ लेकिन,
न समंदर मिला, न ही नदी मिली।।

मोहब्बत में क्या मिला, क्या बताएँ,
न ही ग़म मिला, न ही ख़ुशी मिली।।

ज़िंदगी ले आई हमें किस मक़ाम[3] पे,
जहाँ न तो हवा, न ही रोशनी मिली।।

तलाशता रहा ख़ुलूस[4] मैं हर किसी में,
लेकिन न ये उसमें, न ये कहीं मिली।।

क्या सुनाएँ फ़साना[5] तुम्हें हम अपना,
हमें तो हर राह में बस, बेबसी[6] मिली।।

●●●

1. आत्मविस्मृति, 2. प्यास, 3. स्थान, 4. वफ़ादारी, 5. किस्सा, 6. लाचारी

67.
आग लगी कहाँ है

कैसे बताएं कि आग लगी कहाँ है।
दिल में कोई चिंगारी, दबी कहाँ है।।

सहरा[1] में तलाश रहे हो तुम आब[2],
तुम्हें पता नहीं, यहाँ नदी कहाँ है।।

ले चलो हमें भी क़रीब दरिया के,
दिल की प्यास अभी बुझी कहाँ है।।

चराग़ों का वहाँ जमघट[3] है लेकिन,
पतंगे ढूँढ़ रहे हैं, रोशनी कहाँ है।।

आईने में ढूँढ़ते हैं ख़ुशी वो अपनी,
चेहरे पे देखते नहीं, हँसी कहाँ है।।

आसमाँ पे उड़ने वाले, वो परिंदों[4],
तुम्हारे हौसलों[5] में कमी कहाँ है।।

●●●

---

1. रेगिस्तान, 2. पानी, 3. भीड़, 4. पक्षियों, 5. हिम्मत

68.
क़रीब आ गया है

ये कौन है, जो क़रीब आ गया है।
बनके मोहब्बत, दिल पे छा गया है।।

गुज़र गई ज़िंदगी तीरगी[1] में ही जब,
फिर कौन अब, चराग़ जला गया है।।

वही पूछ रहा है हाल-ए-दिल मेरा,
दिल पे मेरे जो नश्तर[2] चला गया है।।

दिखता नहीं मुझे कुछ, उसके सिवा,
दीवाना वह मुझे, ऐसा बना गया है।।

सफ़र में भटकता रहा, जो ता-उम्र,
मंज़िल का वही पता बता गया है।।

जा रहा हूँ मैं फिर उसकी बज़्म[3] में,
क्या करूँ, ऐसी लत[4] लगा गया है।।

●●●

1. अँधकार, 2. चाकू, 3. महफ़िल, 4. बुरी आदत

69.
इनायत किया कीजिए

हमपे कुछ तो इनायत[1] किया कीजिए।
दीवाने हैं तो मोहब्बत किया कीजिए।।

इस क़दर तो न मुँह मोड़िए हुज़ूर,
ज़रा-सी तो उल्फ़त[2] किया कीजिए।।

बात-बात पे लगाते हो क्यूँ तोहमतें[3],
कुछ हमपे भी मुरव्वत[4] किया कीजिए।।

हमीं से तो रोशन है दुनिया तुम्हारी,
हमीं से तो न अदावत[5] किया कीजिए।।

सुलूक[6] कुछ भी कीजिए साथ मेरे मगर,
दिल से मेरे न नफ़रत किया कीजिए।।

ख़ुदा मेरे हो, मेरी नज़रों में जब तुम,
बंदे[7] पे फिर तो रहमत[8] किया कीजिए।।

●●●

---

1. कृपा, 2. प्रेम, 3. आरोप, 4. उदारता, 5. शत्रुता, 6. व्यवहार, 7. भक्त, 8. दया

70.
तमाशाई बस

ज़माना तो है तमाशाई[1] बस।
देखे इश्क़ की रुसवाई[2] बस।।

हुस्न भी अब इक बाज़ार है,
बिकती है जहाँ बेवफ़ाई बस।।

मोहब्बत करके ही ये जाना है,
मिलती है इसमें जुदाई बस।।

महफ़िल में भी जाकर देखा,
रहती है वहाँ भी तन्हाई बस।।

वह समंदर-सा तो दिखता है,
दिखती नहीं तो गहराई बस।।

ज़िंदगी तो तन्हा इक सफ़र है,
चलती है साथ तो परछाई बस।।

●●●

1. तामाशा देखने वाला व्यक्ति, 2. बेइज़्ज़ती

71.
ये सिला रहा

ख़ूब ज़िंदगी का ये सिला[1] रहा।
क़रीब हो के भी फ़ासला[2] रहा।।

वास्ता तो था काँटों से ही मेरा,
मगर बनके गुल मैं खिला रहा।।

हवाओं ने ख़ूब, मन का किया,
यही क्या कि चराग़ जला रहा।।

इस तरह निभाई उसने वफ़ा,
कि उससे न कोई गिला[3] रहा।।

ज़िरह[4] तो वैसे मेरे हक़[5] में थी,
हक़ में लेकिन न फ़ैसला रहा।।

उसे भी सज़ा देनी ही होगी,
क़ातिल से जो भी मिला रहा।।

ग़मज़दा[6] हो के भी वो ख़ुश है,
अजीब फ़लसफ़ा[7] उसका रहा।।

●●●

---

1. प्रतिफल, 2. दूरी, 3. शिकायत, 4. बहस, 5. पक्ष, 6. दुःखी, 7. दर्शन (विचारधारा)

72.

दिखाने कहाँ जाएँ

ज़ख़्म अपना दिखाने कहाँ जाएँ।
ले के आँसू, मुस्कुराने कहाँ जाएँ।।

ग़म पे मेरे तो दुनिया हँस रही है,
इस ग़म को हम छुपाने कहाँ जाएँ।।

लगाया है दाग़ तुमने जो दिल पे,
ले के इसे हम मिटाने कहाँ जाएँ।।

लगाते हो आग और देते हो हवा,
कहो तुम्हीं, इसे बुझाने कहाँ जाएँ।।

हो गए हैं राख, अरमाँ[1] जब दिल के,
बुझी शमा[2] फिर जलाने कहाँ जाएँ।।

मोहब्बत का अंजाम[3] देखा है हमने,
दिल फिर और लगाने कहाँ जाएँ।।

●●●

1. इच्छा, 2. दीया, 3. परिणाम

73.
हसरत मेरी क्या थी

मिला मुझे क्या, हसरत[1] मेरी क्या थी।
दर्द ऐसा, जिसकी न कोई दवा थी।।

मैं तो चलता रहा सर-ए-राह[2] लेकिन,
राह में घायल उसके, मेरी वफ़ा थी।।

मैं तो संभलता रहा बस गिर-गिर के,
क्या करूँ, मेरे हक़[3] में नहीं हवा थी।।

आई न बहार तो, मैं भला क्या करूँ,
क़िस्मत में ही मेरे, शायद ख़िज़ाँ[4] थी।।

चले तो थे हम साथ-साथ लेकिन,
राहें हमारी बिल्कुल जुदा-जुदा थी।।

निकलता कैसे उस भँवर से मैं भला,
मेरे साथ कहाँ, माफ़िक़[5]-ए-हवा थी।।

●●●

---

1. चाहत, 2. सड़क पर, 3. नियंत्रण, 4. पतझड़, 5. अनुकूल

74.
क्या कोई सवाल करूँ

अब जाने भी दो, क्या कोई सवाल करूँ।
ख़ुद पे क्या अब, रश्क-ए-मलाल[1] करूँ।।

तू बन गई है अमानत किसी और की,
रह-रह के कैसे अब तेरा ख़याल करूँ।।

तू निकल गई है मेरी राह से दूर बहुत,
शिकवा अब क्या कोई, मेरी मजाल[2] करूँ।।

लाई है ज़िंदगी हमें कहाँ, किस मोड़ पे,
बयाँ[3] अब तुझसे क्या, अपना हाल करूँ।।

टूट गईं हैं लड़ियाँ अब तो ज़िंदगी की,
प्यार कैसे फिर हो के, मैं निहाल[4] करूँ।।

यूँ तो बना रक्खा है तुमने फ़ासला[5] बहुत,
कहो तो क़ायम मैं भी कोई मिसाल[6] करूँ।।

●●●

---

1. अफ़सोस, 2. सामर्थ्य, 3. व्यक्त, 4. प्रसन्न-चित्त, 5. दूरी, 6. दृष्टांत

75.

बड़े ख़्वाब थे

बड़ी तमन्ना थी, बड़े ख़्वाब थे।
हाथों में कई-कई महताब[1] थे।।

आज भी वे मेरी अमानत[2] हैं,
किताब में रक्खे जो गुलाब थे।।

जिन जुगनुओं से मिली रोशनी,
मेरी नज़र में वे आफ़ताब[3] थे।।

आए न कभी वो मेरी मज़ार[4] पे,
साथ चलने को जो बेताब[5] थे।।

रखना अब क्या हिसाब कोई,
ता-उम्र तो हम बेहिसाब थे।।

उसका तो कोई जवाब नहीं,
हम भी लेकिन लाजवाब थे।।

●●●

---

1. चाँद, 2. धरोहर, 3. सूरज, 4. क़ब्र, 5. अधीर

76.

क्या बना दिया

क्या था, मुझको क्या बना दिया।
एक पत्थर को आईना बना दिया।।

बनाते-बनाते मुझको एक आदमी,
मुझको ही उसने ख़ुदा बना दिया।।

उसके हाथों की ही ये तासीर[1] थी,
ज़हर को जिसने दवा बना दिया।।

वक़्त ने ही तो बख़्शी[2] थी महफ़िल,
वक़्त ने ही तो तन्हा बना दिया।।

नाज़ुक-सी अभी तो बस उम्र थी,
अभी से क्यूँ पत्थर का बना दिया।।

लगा के इल्ज़ाम[3] मुझपे एक झूठा,
इश्क़ को ही मेरे झूठा बना दिया।।

उसपे अब भरोसा करें भी तो कैसे,
मुझको ही जिसने बेवफ़ा बना दिया।।

●●●

---

1. प्रभाव, 2. उपहार स्वरूप दी हुई चीज़, 3. आरोप

77.
बेवफ़ाई नज़र आती है

मोहब्बत में अब तो बेवफ़ाई नज़र आती है।
क़दम-क़दम पे बस रुसवाई[1] नज़र आती है।।

ज़िंदगी के हर मोड़ पे मिले हैं धोके बहुत,
महफ़िल में इसलिए तन्हाई नज़र आती है।।

वजूद[2] तेरा गुम[3] हो गया इस तरह दिल से,
कि हर शय[4] में अब परछाईं नज़र आती है।।

पड़ गईं हैं सिलवटें[5] इतनी, उसके ख़त में,
कि न हर्फ़[6], न ही रोशनाई नज़र आती है।।

हम तो ख़ुदा की तलाश में हैं ज़माने से,
पर ज़माने को ये आशनाई[7] नज़र आती है।।

जल तो गया तन-मन, लू के थपेड़ों[8] से,
और हवा ये तुम्हें, पुरवाई नज़र आती है।।

●●●

1. बेइज़्ज़ती, 2. अस्तित्व, 3. ग़ायब, 4. वस्तु, 5. सिकुड़न, 6. अक्षर, 7. प्रेम, 8. झोंका

78.
बेवफ़ा लगने लगा

जब से वह बेवफ़ा लगने लगा।
बे-जान पत्थर-सा लगने लगा।।

करने लगा जब से मुझपे सितम[1],
सितमगर[2] वह बड़ा लगने लगा।।

किया गुलिस्ताँ[3] को बर्बाद किसने,
बाग़बान[4] को भी पता लगने लगा।।

रात तो थी इतनी रोशन और जवाँ,
कि सामने दिन भी फीका लगने लगा।।

मेरी आँखों का नूर[5] था जो कभी,
बे-नूर क्यूँ वो इतना लगने लगा।।

बात ज़रूर हुई है कोई ऐसी कि,
रुख़[6] उसका बदला लगने लगा।।

मजमा[7] भी था, महफ़िल भी थी,
फिर क्यूँ वो तन्हा लगने लगा।।

●●●

1. अन्याय, 2. अन्याय करने वाला, 3. फुलवारी, 4. माली, 5. प्रकाश, 6. भाव, 7. भीड़-भाड़

79.

गुलाब लगते हैं

मुस्कुराते हुए वो सुर्ख़[1] गुलाब लगते हैं।
जवाँ तो बहुत ही मेरे जनाब लगते हैं।।

जाने किन-किन नज़रों से देखा है उन्हें,
अच्छे तो वो पढ़ते हुए किताब लगते हैं।।

मेरे घर-आँगन में उतर आया चाँद है,
हक़ीक़त में, अभी भी ये ख़्वाब लगते हैं।।

मैं उन्हीं से करता हूँ बस सवाल कोई,
सुनकर जिनके अच्छे जवाब लगते हैं।।

जुगनुओं को तुम बस यूँ ही चमकने दो,
रात के अँधेरों में ये आफ़ताब[2] लगते हैं।।

मेरे हुज़ूर को तो ज़माना कुछ भी कहे,
मेरे हुज़ूर तो शख़्स[3] लाजवाब लगते हैं।।

●●●

---

1. लाल, 2. सूरज, 3. आदमी

80.
नज़ारा कर लूँ

इक बार जन्नत का नज़ारा कर लूँ।
दीदार[1] आज फिर से तुम्हारा कर लूँ।।

दुआएं हों क़ुबूल गर बारगाह[2] में तो,
इबादत[3] फिर से यहाँ दुबारा कर लूँ।।

ख़ुदा बख़्शे इतनी नियामत[4] मुझको कि,
नाम अपने मैं चाँद-तारा कर लूँ।।

ख़ुशियों में दे बरकत[5] इतनी मौला कि,
रंज-ओ-ग़म[6] से मैं किनारा कर लूँ।।

ज़माना कुछ तो करे मुझपे भी रहम[7],
कि हँस के मैं भी तो गुज़ारा कर लूँ।।

माँग लूँगा मैं ज़माने से उसको मगर,
रोशन पहले अपना तो सितारा[8] कर लूँ।।

●●●

1. दर्शन, 2. दरबार, 3. पूजा, 4. धन-सम्पत्ति, 5. वृद्धि, 6. कष्ट और दुःख, 7. दया, 8. भाग्य

81.
बेवफ़ा है ज़िंदगी

लोग कहते हैं कि बेवफ़ा है ज़िंदगी।
पानी का इक बुलबुला है ज़िंदगी।।

राब्ता[1] ज़िंदगी से जब रखेंगे नहीं,
कैसे समझेंगे हम, क्या है ज़िंदगी।।

कहने को तो महफ़िलें हैं, मेले हैं,
मगर सच है कि तन्हा है ज़िंदगी।।

है बेनाम, इसे जो भी नाम दीजिए,
पत्थर तो कभी आईना है ज़िंदगी।।

ज़िंदगी को हमने गले से लगाया,
फिर क्यूँ हमीं से ख़फ़ा है ज़िंदगी।।

ज़िंदगी को दर-दर[2] तलाशा बहुत,
पर, जाने कहाँ लापता है ज़िंदगी।।

ज़िंदगी को ज़िंदगी कहें अब कैसे,
मेरे लिए तो इक सज़ा है ज़िंदगी।।

●●●

1. संबंध, 2. जगह-जगह

82.
प्यार कर लें

चलो थोड़ा-सा प्यार कर लें।
जीने-मरने का क़रार[1] कर लें।।

खिला के उम्मीदों का फूल हम,
आँगन में अपने बहार कर लें।।

ना-ना करते-करते चलो हम,
ज़िंदगी भर का ऐतबार कर लें।।

हाथ छोड़ें न एक-दूजे का हम,
वादे चलो साथ हज़ार कर लें।।

ज़िंदगी तो है आग का दरिया,
मिलकर चलो इसे पार कर लें।।

मसर्रत-ए-ज़िंदगी[2] की ख़ातिर,
दो दिन का इंतिज़ार कर लें।।

●●●

1. समझौता, 2. ज़िंदगी की ख़ुशी

83.
याद आने से

बाज़ आते नहीं याद आने से।
बसे हैं दिल में जो ज़माने से।।

आते हैं रोज़ मेरी रहगुज़र[1] पे,
किसी न किसी वो बहाने से।।

सदा ख़यालों में आते-जाते हैं,
भूलते कहाँ हैं कभी भुलाने से।।

इस तरह मैं अब भी नशे में हूँ,
लौटा हूँ जैसे अभी मैख़ाने[2] से।।

मोहब्बत अपनी मैं कैसे छुपाऊँ,
छुपता है इश्क़ कहाँ छुपाने से।।

ज़िंदगी तो यूँ ही चला करती है,
रुकती नहीं, फ़ना[3] हो जाने से।।

●●●

1. रास्ता, 2. मदिरालय, 3. नष्ट

84.

ऐतबार करता बहुत है

मेरा दिल तो ऐतबार करता बहुत है।
इक तुम्हीं से ही प्यार करता बहुत है।।

पूछ लो अपने दिल से, तुम भी ज़रा,
वह भी तो नहीं बेज़ार[1] करता बहुत है।।

तुम आए नहीं इधर, इक ज़माने से,
नादाँ ये तो इंतिज़ार करता बहुत है।।

दिल को अपने ज़रा समझा लीजिए,
बेवजह यूँ ही बेक़रार करता बहुत है।।

मेरी ज़िंदगी तो है क़ुर्बान तुम्हीं पे,
दिल भी जाँ-निसार[2] करता बहुत है।।

तुमसे दूर हो के बहुत ग़मज़दा[3] हूँ मैं,
ज़माना भी हमपे वार[4] करता बहुत है।।

●●●

---

1. दु:खी, 2. प्राण निछावर, 3. दु:खी, 4. प्रहार

85.
थक गया हूँ मैं

चलते-चलते बहुत थक गया हूँ मैं।
रास्ते में इसलिए रुक गया हूँ मैं।।

ले के जाऊँ कहाँ, क्या साथ में,
इसी कश्मकश[1] में पड़ गया हूँ मैं।।

मैं हवा हूँ, कैसे होगा मालूम मुझे,
ख़ुशबू में कितना घुल गया हूँ मैं।।

बर्फ़ का ज़िंदा मैं इक पहाड़ था,
गल[2] के रत्ती-सा[3] रह गया हूँ मैं।।

हो गया हूँ अब पानी की मानिंद[4],
हर साँचे में तभी ढल गया हूँ मैं।।

मर गया है ज़मीर[5] जब से मेरा,
पत्थर का, तभी से बन गया हूँ मैं।।

●●●

1. उलझन, 2. पिघल, 3. थोड़ा-सा, 4. तरह, 5. आत्मा

86.
चला जाता नहीं

तन्हा हमसे अब चला जाता नहीं।
बेख़ुदी[1] में यूँ ही जिया जाता नहीं।।

दर्द दिल में ये जो उभर रहा है,
मुझसे अब यह सहा जाता नहीं।।

चला जाऊँ दूर कितना भी उससे,
बग़ैर उसके तो रहा जाता नहीं।।

भरे हुए हैं दिल में ग़ुबार[2] बहुत,
खुल के तभी तो हँसा जाता नहीं।।

ज़िंदगी हो गई है अब इस तरह,
कि ज़ुबाँ से कुछ कहा जाता नहीं।।

ज़िंदगी बन जाए कितनी भी बोझ,
आसानी से ज़हर पिया जाता नहीं।।

सुलग रही है ये आग जो इधर,
कैसे कहूँ, उधर धुआँ जाता नहीं।।

●●●

---

1. अचैतन्यता, 2. दु:ख-दर्द

87.
मेरी मान लो

बात इतनी-सी आज तुम मेरी मान लो।
दिल में उठ रहे हैं शोले बहुत, जान लो।।

एक ज़िंदा आदमी को बुत[1] इक बनाकर,
ऐसे, इस तरह न मेरा तुम इम्तहान लो।।

एक मुद्दत से क़रीब तुम्हारे ही हूँ मैं,
अब तो मान मुझे, अपना मेहमान लो।।

मैं तो आऊँगा हर रोज़ अब कूचे[2] में तेरे,
उठाकर नज़र अपनी, मुझको पहचान लो।।

आज जी भर के मुझको उड़ लेने तो दो,
कल माँग मुझसे चाहे पूरा आसमान लो।।

मैं तो कह के रहूँगा आज बात सब अपनी,
क्या पता, कल पकड़ तुम मेरी ज़बान[3] लो।।

●●●

---

1. प्रतिमा, 2. गली, 3. जीभ

88.

जादू कर गए हैं

मुझपे ये कैसा जादू कर गए हैं।
अंग-अंग जैसे मेरे निखर गए हैं।।

इस तरह क्या देखा नज़रों से हमें,
लगा कि हम चाँद पे उतर गए हैं।।

थी जिनसे मोहब्बत नादाँ दिल को,
दर्द ज़िंदगी में, वही तो भर गए हैं।।

जिन ज़ख़्मों पे लगाया था मरहम,
ज़ख़्म वही, फिर से उभर गए हैं।।

टूट-टूट कर मैं यूँ बिखरता रहा,
सपने जैसे मेरे सब बिखर गए हैं।।

उन्हें क्या कहूँ मैं ख़ुदा-हाफ़िज़[1],
नज़र से ही मेरे, जो उतर गए हैं।।

●●●

1. किसी को विदा करते समय, बोला जाने वाला अभिवादन भरा शब्द

89.

बुरा क्या है

भला क्या है, बुरा क्या है।
दिल से कुछ छुपा क्या है।।

जफ़ा[1] ही मिली हर बार मुझे,
हम क्या जानें, वफ़ा क्या है।।

ये तो बस चारागर[2] ही जानें,
रोग क्या है, दवा क्या है।।

हम तो हैं बस वक़्त के मारे,
हम क्या जानें, ख़ुदा क्या है।।

मिला न कभी जो होकर मेरा,
उससे करना, गिला[3] क्या है।।

ज़िंदगी को न करूँ फ़ना[4] तो,
फ़ना करने को रहा क्या है।।

•••

---

1. अत्याचार, 2. चिकित्सक, 3. शिकायत, 4. बर्बाद

90.
क्या हो गया

असर उस पत्थर पे जाने क्या हो गया।
ऐसा तराशा गया कि देवता हो गया।।

हम तो महफ़िल में मुस्कुराते ही रहे,
ग़म लेकिन मेरा, सबको पता हो गया।।

सामने मैख़ाना दिखा, फिर क्या था,
तमाम पीने वालों का भला हो गया।।

असर तो है ये उम्र की ही धूप का,
बाल मेरे सर का जो सफ़ा हो गया।।

शमा जली तो रोशन ख़ूब बज़्म[1] हुई,
परवाना[2] लेकिन कोई फ़ना हो गया।।

वह तो महफ़िल का रंग-ओ-नूर[3] था,
क्यूँ बेरंग, बेनूर, बेअदब[4] इतना हो गया।।

वफ़ा की रिवायतें[5] क्यूँ झूठी हैं इतनी,
क्या आदमी अब इतना झूठा हो गया।।

●●●

1. सभा, 2. पतंगा, 3. चमक-दमक, 4. अशिष्ट, 5. परम्पराएं

91.
तराना ढूँढ़ते हैं

चलो वही मौसम, वही तराना ढूँढ़ते हैं।
मिलें-बैठें जहाँ, ऐसा ठिकाना ढूँढ़ते हैं।।

महफ़ूज़[1] रह सके जहाँ मोहब्बत अपनी,
ऐसा नशेमन[2], ऐसा आशियाना[3] ढूँढ़ते हैं।।

ज़माने भर की नेमतें[4] मिल जाएं हमको,
भर जाए झोली, ऐसा नज़राना[5] ढूँढ़ते हैं।।

हो जाए ज़िंदगी अपनी भी ये मुक़म्मल[6],
तुम्हें पाने का यूँ कोई बहाना ढूँढ़ते हैं।।

पढ़कर जिसे हो जाएं नम अपनी आँखें,
छुपाया ख़त वही, चलो पुराना ढूँढ़ते हैं।।

बुझा दे शमा को जो अपनी ख़ुदग़र्ज़ी[7] में,
महफ़िल में ऐसा कोई परवाना[8] ढूँढ़ते हैं।।

●●●

---

1. सुरक्षित, 2. घोंसला, 3. बसेरा, 4. बख़्शिश, 5. भेंट, 6. सम्पूर्ण, 7. स्वार्थपरता, 8. पतंगा

92.
वफ़ा करूँ

जफ़ा[1] करूँ कि वफ़ा करूँ।
तुम्हीं कहो, मैं क्या करूँ।।

दिल तो है बड़े पसोपेश[2] में,
समझाए कोई, क्या करूँ।।

एहसान[3] है ये उम्र भर का,
दो दिन में कैसे अदा[4] करूँ।।

सितम[5] ढाया है ख़ूब उसने,
कैसे मैं दर्द-ए-बयाँ करूँ।।

ग़म उनका हमें अज़ीज़[6] है,
लेने से कैसे मैं मना करूँ।।

कठघरे में खड़ा तो ख़ुद हूँ,
कैसे कोई मैं फ़ैसला[7] करूँ।।

●●●

---

1. अत्याचार, 2. असमंजस, 3. उपकार, 4. चुकता, 5. अन्याय, 6. प्रिय, 7. न्याय

93.
फूल करते हैं

नज़र[1] उन्हें हम तो वफ़ा के फूल करते हैं।
पर कहाँ हमारी मुहब्बत वो क़ुबूल[2] करते हैं।।

माँगी हैं कितनी दुआएँ उनकी ख़ातिर हमने,
पर लगता है उन्हें, हम ये फ़िज़ूल[3] करते हैं।।

हमीं पे छिड़कते हैं जान वो अपनी लेकिन,
क़ीमत इसकी वो हमीं से वसूल करते हैं।।

जब भी मिले वो राह में, हमने सजदा[4] किया,
लेकिन कभी वो इसे, कहाँ क़ुबूल करते हैं।।

कई बार सच को भी आईना वो दिखाते हैं,
और कई बार आँखों में डाला धूल करते हैं।।

क़दमों तले उनके बिछाता हूँ मैं तो कलियाँ,
मगर राह में मेरे, बिछाया वो शूल[5] करते हैं।।

●●●

---

1. भेंट, 2. स्वीकार, 3. व्यर्थ, 4. साष्टांग प्रणाम, 5. काँटा

94.
सँवर गए हैं

ज़माने बाद दिन फिर सँवर गए हैं।
थे ग़म जो ज़िंदगी के, गुज़र[1] गए हैं।।

ज़िंदगी ने की ऐसी नज़र[2] हमपे कि,
ज़मीं से हम, चाँद पर उतर गए हैं।।

चलें क्या हम उनके नक़्श-ए-क़दम[3],
भूल जो अपनी ही रहगुज़र[4] गए हैं।।

उँगलियाँ उठाते रहे रोज़ जो मुझपे,
वे सब अब, न जाने किधर गए हैं।।

उनकी वफ़ा पे तो था भरोसा बहुत,
पर क्या करें, जब दग़ा[5] कर गए हैं।।

फ़ाक़ा-मस्ती[6] करते रहे कभी जो ख़ूब,
बंजारे[7] वही अपनी लत[8] से मर गए हैं।।

●●●

1. बीत, 2. कृपा, 3. पदचिन्ह, 4. रास्ता, 5. विश्वासघात, 6. अभाव में भी ख़ुश रहना, 7. खानाबदोश समूह, 8. बुरी आदत

95.
नया मोड़ दिया

ये कौन-सा तुमने नया मोड़ दिया।
हमको यूँ ही जो तन्हा छोड़ दिया।।

जब चाहा, ख़ुद का जी बहलाया,
जब चाहा, नीबू-सा निचोड़ दिया।।

रहा जो ता-उम्र दायाँ हाथ मेरा,
बाएं को उसी ने ही मरोड़ दिया।।

रो-रो कर यही पूछ रहा है बच्चा,
खिलौना किसने उसका फोड़ दिया।।

इल्ज़ाम[1] लगाया भी तो लगाया ऐसा,
मख़मल[2] में जैसे पैबंद[3] जोड़ दिया।।

बात ज़रूर कुछ-न-कुछ रही होगी,
दिल तभी तो उसने मेरा तोड़ दिया।।

●●●

---

1. आरोप, 2. विशेष किस्म का रेशमी कपड़ा, 3. चकती

96.
चला गया

तोड़कर रिश्ता तो वही चला गया।
बेवफ़ा लेकिन मुझको ही कहा गया।।

हम तो समझते रहे उसे आईना,
बुत[1] जो हमें पत्थर का बना गया।।

उसपे तो किया था ऐतबार बहुत,
लेकिन हर बार मैं ही ठगा गया।।

तिश्नगी दिल की बुझेगी अब कैसे,
आग वह तो दिल में ही लगा गया।।

शोख़ियाँ[2] तो हैं बेरुख़ी[3] में भी उसके,
सोए अरमाँ[4] को तभी तो जगा गया।।

पकड़ तो लिया हमीं ने ही उसका हाथ,
क्या करें, तन्हा हमीं से न रहा गया।।

●●●

1. मूर्ति, 2. चंचलता, 3. उदासीनता, 4. इच्छा

97.
लबों पे ला पाए

बात कहाँ दिल की, लबों[1] पे ला पाए।
अफ़साना[2] कहाँ हम, अपना सुना पाए।।

बात दिल की, रह गई दिल में ही,
बात दिल की कभी, कहाँ बता पाए।।

आया न कभी पास, वह भी वैसे मेरे,
लेकिन हमीं कहाँ उसके दिल पे छा पाए।।

मेरी वफ़ा का ख़ूब सिला[3] दिया उसने,
रिश्ता तभी हम, नहीं ख़ूब निभा पाए।।

ज़ख़्मों[4] को तो हमने छुपा लिया अपने,
चाहा दिखाना जिसे, कहाँ दिखा पाए।।

इक पिजड़े के बंद पंछी थे हम दोनों,
मगर कहाँ क़रीब हम, कभी आ पाए।।

●●●

1. ओठों, 2. कहानी, 3. ईनाम, 4. घावों

98.

नहीं ये अच्छा किया

फेरकर निगाहें, नहीं ये अच्छा किया।
बदले वफ़ा, ये कौन-सी वफ़ा किया।।

एक पत्थर को बनाया आईना हमने,
यही तो हमने बस इक ख़ता[1] किया।।

वही कह रहा है अब बेवफ़ा मुझको,
साथ जिसके हमने बस, वफ़ा किया।।

वकीलों ने तो ख़ूब झूठी दलीलें[2] दीं,
क़ाज़ी ने लेकिन सही फ़ैसला किया।।

नज़र शायद किसी और मंज़िल पे हो,
अलग तभी उसने अपना रास्ता किया।।

जितना ही हमने उसपे ऐतबार[4] किया,
उतना ही साथ मेरे, उसने धोका किया।।

●●●

---

1. ग़लती, 2. तर्क, 3. न्यायाधीश, 4. विश्वास

99.

ये क्या कह गया

चुपके से कोई, ये क्या कह गया।
बसा मेरे मन में, जो भरम[1] रह गया।।

बना अरमाँ था, दिल का जो मेरे,
बनके आँसू, क्यूँ वही बह गया।।

नहीं था वो हमारा मुंतज़िर[2] लेकिन,
इंतिज़ार में क्यूँ, ता-उम्र रह गया।।

राब्ता[3] ग़म से था न उसका कभी,
दर्द कैसे फिर वो इतना सह गया।।

बुनियाद[4] जिसकी हो पुख़्ता[5] इतनी,
इक ठोकर से क्यूँ फिर ढह गया।।

कहके मजबूरियाँ मुझसे वो अपनी,
ज़िंदगी से दूर मेरे, चला वह गया।।

●●●

1. संदेह, 2. प्रतीक्षा करने वाला, 3. संबंध, 4. नींव, 5. मजबूत

100.

वक़्त से

माँगू भला क्या, अपने लिए वक़्त से।
परेशाँ बहुत हूँ, अपनी ही ग़ुर्बत[1] से।।

पत्थर पे सर मारने से क्या हासिल,
मिलता है सब कुछ, बस क़िस्मत से।।

नहीं मुझसे मोहब्बत तो कोई बात नहीं,
बात यही कहता, मगर वो शिद्दत[2] से।।

करके मोहब्बत वह तो दग़ा[3] दे गया,
अब शिकवा क्या उसकी उल्फ़त[4] से।।

तारीफ़ क्या करूँ मैं उसके हुस्न की,
बनाया होगा ख़ुदा ने, बड़ी फ़ुर्सत से।।

कहता तो, हो जाता मैं हँस के फ़ना[5],
कहनी होती ये बात, मगर मोहब्बत से।।

●●●

1. ग़रीबी, 2. गंभीरता, 3. धोका, 4. प्रेम, 5. नष्ट-बर्बाद

101.
बुझती नहीं है

है तिश्नगी[1] ये ऐसी, जो बुझती नहीं है।
उठ गई गर नज़र तो, झुकती नहीं है।।

चढ़ती उमर का चढ़ता सुरूर[2] है ये,
जो चढ़ गई फिर तो उतरती नहीं है।।

है ख़ामोशी ये ऐसी जवाँ धड़कनों की,
क़ुबूल जिसे दुनिया कभी करती नहीं है।।

देने वाला हरदम बढ़कर ही पाया है,
बेमोल है ये, बाज़ारों में बिकती नहीं है।।

अंधी है, गूँगी है; और है बहरी भी,
आगे अपने ये किसी की सुनती नहीं है।।

शीशा है, शोला है; और शबनम[3] है,
है वो नूर[4], जो सबको दिखती नहीं है।।

सब कहते हैं आग का दरिया है ये,
जिसमें डूबे बिना जन्नत[5] मिलती नहीं है।।

●●●

1. प्यास, 2. नशा, 3. ओस, 4. प्रकाश, 5. स्वर्ग

(भाग-2)
बड़े ख़ौफ़ में ज़िंदगी गुज़र रही है...

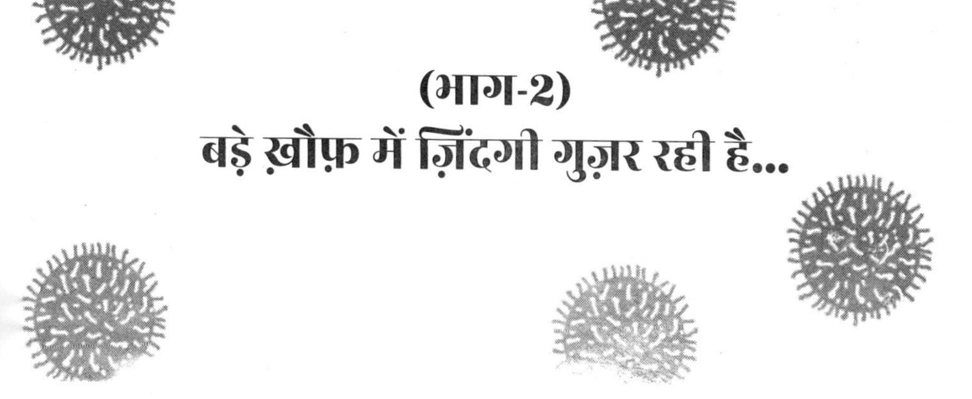

102.
गुज़र रही है

बड़े ख़ौफ़[1] में ज़िंदगी गुज़र रही है।
कैसे कहूँ कि हो अच्छी बसर[2] रही है।।

न चैन दिन में, न रात को ही मिले,
ज़िंदगी जैसे हर वक़्त क़हर रही है।।

मुँह बाँधे चल रहे हैं इस तरह लोग,
जैसे ज़िंदगी, ज़िंदगी से डर रही है।।

ख़ौफ़ज़दा[3] है इस तरह हर आदमी,
जैसे मौत आ, उसके ही सर रही है।।

बन गए हैं श्मशान हर इक तरफ़,
कल तक जहाँ भी रहगुज़र[4] रही है।।

भाग रहा है इंसान इधर-से-उधर,
और ज़िंदगी हो दर-ब-दर रही है।।

साँसों की लड़ी[5] पे न रहा ज़ोर कोई,
बुला रहा हूँ इधर, तो जा उधर रही है।।

●●●

(रचनाकाल–कोरोना अवधि, दिनांक 14.04.2021)

---

1. भय, 2. गुज़ारा, 3. भयभीत, 4. रास्ता, 5. क्रम

103.
ऐसा मंज़र नहीं देखा

बहुत देखा, मगर ऐसा मंज़र[1] नहीं देखा।
किसी दरिया में इतना भँवर नहीं देखा।।

लहरें सब, बिन पानी फ़ना[2] हो गईं हैं,
इतना सूखा तो कभी समंदर नहीं देखा।।

साए-दरख़्त[3] हों, पर बचते हों धूप से,
ऐसा तो हमने कोई शजर[4] नहीं देखा।।

चप्पे-चप्पे पे वीरानी छाई है कितनी,
इतना उदास तो कभी शहर नहीं देखा।।

दिन क़यामत[5] के तो आए हैं बहुत मगर,
इस तरह का लेकिन क़हर[6] नहीं देखा।।

जिसकी आँखों में समाए थे हम वर्षों,
जाते हुए उसे भी, एक नज़र नहीं देखा।।

●●●

(रचनाकाल-कोरोना अवधि, दिनांक 20.04.2021)

---

1. दृश्य, 2. नष्ट, 3. छायेदार वृक्ष, 4. वृक्ष, 5. प्रलय, 6. संकट

104.
मुस्कुराएगी ज़िंदगी

मुश्किलें बड़ी हैं, पर मुस्कुराएगी ज़िंदगी।
यक़ीन है इक दिन तो हँसाएगी ज़िंदगी।।

उम्मीद है बादल ये ग़म के छट जाएंगे,
फिर खुली हवा में लहलहाएगी ज़िंदगी।।

पूछिये मत, अरमानों पर क्या बीत रही,
करिए भरोसा, साथ निभाएगी ज़िंदगी।।

कट जाएंगी बुरी, बेरहम[1] ये रातें सभी,
फिर नई सुबह ले के आएगी ज़िंदगी।।

हमसे-तुमसे ही तो लगी ये बाज़ार है,
हम नहीं तो तन्हा हो जाएगी ज़िंदगी।।

सब्र[2] तो सारे टूट चुके हैं, जाने कब के,
विश्वास है, नई राह दिखाएगी ज़िंदगी।।

●●●

(रचनाकाल–कोरोना अवधि, दिनांक 25.04.2021)

1. निष्ठुर, 2. धैर्य

105.
कहानी हैं

हम इक किरदार[1] हैं, कहानी हैं।
रिश्ते और सारे झूठे, बेमानी[2] हैं।।

अकड़ क्यूँ है हममें ये पर्वत-सी,
हम तो दरिया के बहते पानी हैं।।

ज़िंदगी की डोर उसी के हाथों में,
हम तो कठपुतली के राजा, रानी हैं।।

टूट गया है दर्प[3] सारे इंसानों का,
हम सब पुतले[4] बस, अभिमानी हैं।।

एक उसने अपनी नज़र क्या बदली,
लगने लगा, रंग सभी बस पानी हैं।।

कौन-सा नया रंग भरूँ, उसमें मैं,
तस्वीरें तो सभी बेजान, पुरानी हैं।।

●●●

(रचनाकाल–कोरोना अवधि, दिनांक 27.04.2021)

1. चरित्र, 2. बेकार, 3. अभिमान, 4. डमी

106.
कैसी दिखने लगी

दो दिन में हालत ये कैसी दिखने लगी।
थी जहाँ बहार, वहाँ ख़ाक[1] उड़ने लगी।।

बन्द कर दिया घर की खिड़कियों को,
क्या करें, हवा ही कुछ यूँ[2] चलने लगी।।

कभी जिसकी क़ीमत कुछ भी न थी,
वही हवा आज लाखों में बिकने लगी।।

जानती थी अपना मुहाना[3] ख़ूब वो नदी,
समंदर के रास्ते तभी तो चलने लगी।।

पिघल गया है अब तो हिमालय इतना,
कि सहरा[4] में भी नदी इक बहने लगी।।

ज़िंदगी को इतना तन्हा बना दिया कि,
ज़िंदगी भी इक बोझ अब लगने लगी।।

●●●

(रचनाकाल–कोरोना अवधि, दिनांक 05.05.2021)

---

1. धूल, 2. इस तरह, 3. वह स्थान, जहाँ नदियाँ समुद्र से मिलती हैं, 4. रेगिस्तान

107.
चल रही है

यह कौन-सी हवा चल रही है।
दुनिया जो ऐसी उजड़ रही है।।

उतारकर लिबास[1] अपना ज़िंदगी,
देखिए, कैसे चोला[2] बदल रही है।।

क़रीब आ-आ के, चुपके-चुपके,
मौत बनके छलिया[3], छल रही है।।

बता रहा है शहर का यह धुआँ,
लाश पे लाश कैसे जल रही है।।

बनके सुरसा ये मुँह फैलाए हुए,
बड़ों-बड़ों को भी निगल रही है।।

सिकुड़ रही है ज़िंदगी जोंक-सी,
जैसे-जैसे साँस निकल रही है।।

●●●

(रचनाकाल-कोरोना अवधि, दिनांक 08.05.2021)

---

1. पोशाक, 2. शरीर, 3. धोखेबाज़

108.
तलाश रहा है

कभी गाँव तो कभी शहर तलाश रहा है।
सुकून के लिए इंसाँ घर तलाश रहा है।।

दो बूँद से ही मिट जानी है प्यास तो,
बेवजह क्यूँ वो समंदर तलाश रहा है।।

ढूँढ़ रहा है कफ़न वह तो श्मशानों में,
इंसाँ आपदा में अवसर तलाश रहा है।।

चारागर[1] मिल नहीं रहे हैं शफ़ाख़ानों[2] में,
मरीज़ तो इलाज बेहतर तलाश रहा है।।

दवा से भी अगर आनी ही है मौत तो,
क्यूँ नहीं फिर वो ज़हर तलाश रहा है।।

हो न जाए बेक़रार कहीं वह इसलिए,
क़रार अपने ही अन्दर तलाश रहा है।।

दाख़िल मतब[3] में वह हो तो गया लेकिन,
वहाँ भी वह वेंटिलेटर[4] तलाश रहा है।।

●●●

(रचनाकाल-कोरोना अवधि, दिनांक 11.05.2021)

---

1. चिकित्सक, 2. अस्पतालों, 3. अस्पताल, 4. ब्रीदिंग मशीन

109.
ये हवा न आती

मेरे घर में अगर ये हवा न आती।
सच है फिर कभी ये वबा[1] न आती।।

किया जो होता बाग़बाँ[2] पे भरोसा,
इस बहार में फिर ख़िज़ाँ[3] न आती।।

चल रहे होते जो उसी की राह पे,
यक़ीन है फिर ऐसी क़ज़ा[4] न आती।।

कट जाती ज़िंदगी यूँ ही बे-दाग़,
दाग़ बनके गर वो बेवफ़ा न आती।।

है उसी का ही ये रहमोकरम[5] वरना,
दिल से फिर कभी ये सदा[6] न आती।।

रात भर घोर जो ये अँधेरा न होता,
निकलता न सूरज, ये सबा[7] न आती।।

●●●

(रचनाकाल–कोरोना अवधि, दिनांक 14.05.2021)

---

1. महामारी, 2. माली, 3. पतझड़, 4. मौत, 5. दया, 6. आवाज़, 7. सुबह की हवा

110.
गुज़र रहा है

ऐसे-वैसे ही वक़्त गुज़र रहा है।
बेबसी[1] में ही, हो बसर[2] रहा है।।

ख़ुदा ने तो दी थी हमें ज़िंदगी,
लेकिन दे ये कौन ज़हर रहा है।।

फैला हुआ है इधर कैसा ये धुआँ,
छूने से ही फैल, जो उधर रहा है।।

जीने की ख़ातिर बस ये ज़िंदगी,
मौत से ही तो आदमी डर रहा है।।

साँसें बस यूँ चलती रहें इसलिए,
आदमी क्या-क्या कर रहा है।।

मोहताज[3] है कोई तो इलाज को,
तो कोई अपनी जेबें भर रहा है।।

बड़े ख़ौफ़[4] में इधर दुनिया रही,
ख़ौफ़ लेकिन अब उतर रहा है।।

●●●

(रचनाकाल-कोरोना अवधि, दिनांक 20.05.2021)

---

1. लाचारी, 2. जीवन निर्वाह, 3. असमर्थ, 4. भय

111.

क्या हाल कर गया

ज़रा देखिए तो क्या हाल कर गया।
ज़िंदगी को बेदम, बेहाल[1] कर गया।।

बात बस दो दिन की होती तो होती,
वह तो मुतासिर[2] कई साल कर गया।।

उसकी बातों का हम क्या जवाब दें,
वह तो खड़े कई सवाल कर गया।।

कितनों की रूहें[3] तक नीलाम हो गईं,
कितनों को मगर मालामाल कर गया।।

ग़ज़ब की तासीर[4] है उसमें ऐसी कि,
बड़ों-बड़ों को वो निढाल[5] कर गया।।

बहुतों को आग़ोश[6] में ले लिया उसने,
बहुतों पे मगर ज़रा ख़याल कर गया।।

ढाया ऐसा क़हर ज़िंदगी में उसने कि,
बदहाली में भी जीना मुहाल[7] कर गया।।

●●●

(रचनाकाल–कोरोना अवधि, दिनांक 29.05.21)

---

1. मरणासन्न, 2. प्रभावित, 3. आत्मा, 4. प्रभाव, 5. शिथिल, 6. आलिंगन, 7. मुश्किल

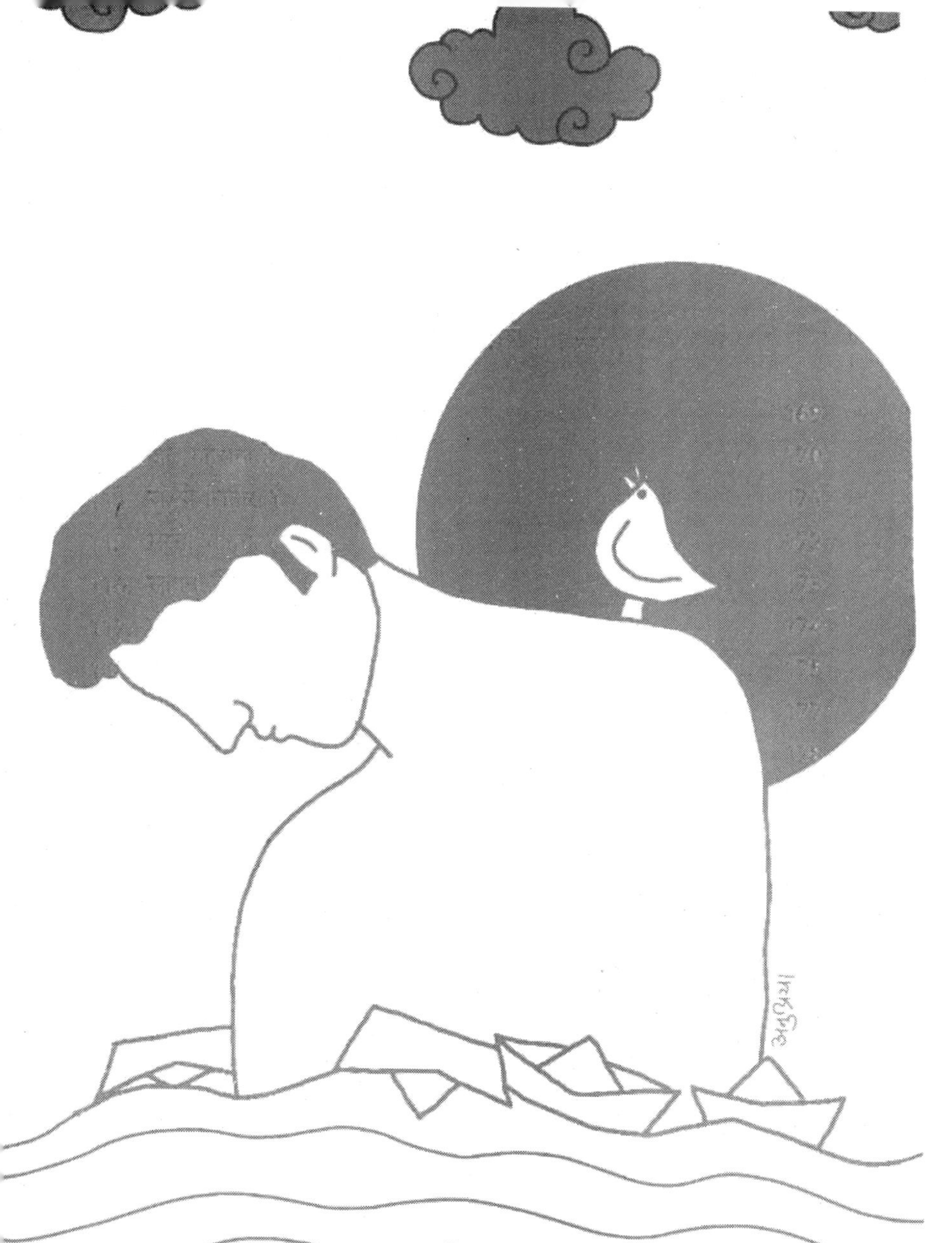

(भाग-3)
मिला कुछ भी न कभी, मन का...

112.
मिटाया जा रहा है

धीरे-धीरे मेरे वजूद[1] को ही मिटाया जा रहा है।
घर की हर बात को मुझसे छुपाया जा रहा है।।

आजकल हो रही हैं मेरे साथ साज़िशें बहुत,
ख़िलाफ़ मेरे, लोगों को वरग़लाया[2] जा रहा है।।

मैं अपनी बेगुनाही को कहाँ, कैसे साबित करूँ,
मिलकर हर गुनाह[3] मुझ पर लगाया जा रहा है।।

मैं किस राह पर चलकर नई मंज़िल तलाशूँ,
मुझे तो अब रास्ते से ही हटाया जा रहा है।।

किस क़दर बन गया हूँ दुश्मन मैं ज़माने का,
बात-बात में रोज़ यही दोहराया जा रहा है।।

अपने घर में ही अब मुझे सुकून नहीं मिलता,
वज़ह, माहौल ही कुछ ऐसा बनाया जा रहा है।।

हूँ मैं कैसा, कुछ को छोड़, दुनिया जानती है,
फिर भी मुझे इंसान बुरा बताया जा रहा है।।

साथ चला जिसके मैं, बनके हमराह ज़माने[4] से,
नज़रों में अब उसी के, मुझे गिराया जा रहा है।।

●●●

---

1. अस्तित्व, 2. बहकाया,3. अपराध, 4. दीर्घ काल

113.

जब गहराता है

अँधेरा जब गहराता है।
सवेरा तभी ही आता है।।

छुपते हैं जब-जब आँसू,
ग़म[1] तब-तब उतराता है।।

जो पीता है दर्द अपना,
औरों को वही हँसाता है।।

ख़ुद पे जो हँस न सका,
ग़ैरों[2] पे वही मुस्कुराता है।।

जिसे मिटाना है अँधेरा,
चराग़[3] वही जलाता है।।

देता है ख़ुशी जो ग़ैरों को,
ख़ुशी सच में वही पाता है।।

●●●

1. दुःख, 2. दूसरों, 3. दीया

114.
जो ये सितारा है

टूटा हुआ जो ये सितारा है।
कई आँखों का ये तारा है।।

जिसे तुम ग़ैर समझते हो,
वही तो अपना तुम्हारा है।।

टिका है वो अपने ही कंधे पे,
आदमी बड़ा ही बेसहारा है।।

डूबने से क्यूँ डरते हो तुम,
क़रीब ही जब किनारा है।।

उसपे थोड़ी-सी रहम[1] करो,
बेचारा वो वक़्त का मारा है।।

वक़्त को बाँधा है किसने,
न तुम्हारा है, न हमारा है।।

मोहब्बत कर के तो देखिए,
हर ओर हसीन[2] नज़ारा[3] है।।

●●●

1. दया, 2. सुन्दर, 3. दृश्य

115.

मरना चाहता है

कोई जीना, कोई मरना चाहता है।
इंसाँ मन का ही करना चाहता है।।

कोई सुने, न सुने; उसका फ़साना[1],
मगर वह हक़ीक़त कहना चाहता है।।

कर लो ख़ातिरदारी[2] जितनी लेकिन,
क़ैदी, क़ैद में कब रहना चाहता है।।

रोते-रोते जिसकी ज़िंदगी गुज़री,
इक बार वह भी हँसना चाहता है।।

तैरना तालाब में भी नहीं आता उसे,
लेकिन समंदर में तैरना चाहता है।।

है आदमी की ही ये सिफ़त[3] कि वह,
बिना पर[4] के भी उड़ना चाहता है।।

●●●

---

1. किस्सा, 2. आवभगत, 3. विशेषता, 4. पंख

116.
सुहाना है

मौसम बड़ा ही सुहाना है।
साथ भी तेरा मस्ताना[1] है।।

है मोहब्बत तो नई-नई,
अफ़साना[2] मगर पुराना है।।

इश्क़ चीज़ है छुपाने की,
बे-रहम[3] बड़ा ज़माना है।।

दिल अपना बड़ा रखिए,
रिश्तों को गर निभाना है।।

सर के बल चलना होगा,
मुक़ाम को गर पाना है।।

भगीरथ ही बनना होगा,
गंगा अगर नई बहाना है।।

आज तू पसीना बहा ले,
कल अगर मुस्कुराना है।।

ताब[4] को रख तू हथेली में,
जमी बर्फ़ जो पिघलाना है।।

●●●

1. मतवाला, 2. किस्सा, 3. निर्दय, 4. गर्मी

117.
होने लगे हैं

रिश्ते भी कैसे-कैसे होने लगे हैं।
हम अपनों को ही ढोने लगे हैं।।

मिलेगी मोहब्बत कहाँ दुनिया में,
नफ़रत[1] ही हम जब बोने लगे हैं।।

कैसे लें ख़ैरियत[2] हम अपनों की,
अपने में ही जब खोने लगे हैं।।

रोज़ दर्द इक नया देकर हम,
आँखें अपनों की भिगोने लगे हैं।।

चैन[3] दिल का छीनकर अपनों से,
चैन[4] की नींद हम सोने लगे हैं।।

चेहरे पे दिखेगी कैसे मुस्कुराहट,
हर बात पे जब हम रोने लगे हैं।।

●●●

1. घृणा, 2. हाल-चाल, 3. शान्ति, 4. आराम

118.

इस जीवन का

सच तो यही है, इस जीवन का।
मिला कुछ भी न कभी, मन का।।

घर कितना भी क्यूँ न अच्छा हो,
बेकार है लेकिन, बिना सहन[1] का।।

उल्लुओं का हो जाए बसेरा[2] जहाँ,
हाल पूछो न फिर उस चमन का।।

नागफनियाँ जहाँ भी उग आई हैं,
हाल बुरा है उस घर-आँगन का।।

ता-उम्र जो ख़ुद बे-लिबास[3] रहा,
क्या ज़रूरत उसे अब कफ़न का।।

फ़िरक़ापरस्तों[4] के ही तो मंसूबों[5] से,
लहूलुहान है सीना आज वतन का।।

---

1. दुआर, 2. ठिकाना, 3. नंगा, 4. सम्प्रदायवादियों, 5. मंशा

कल मिट्टी में ही मिल जाना है,
जतन[6] जितना भी कर लो, तन का।।

मिले तो राह में लोग बहुत लेकिन,
हुआ न मीत[7] कभी कोई, 'रतन' का।।

●●●

---

6. देखभाल, 7. दोस्त

119.
ख़ुशी होगी

ग़म होगा कि ख़ुशी होगी।
जाने कैसी ज़िंदगी होगी।।

आज तो घनघोर अँधेरा है,
शायद कल रोशनी होगी।।

मछलियाँ ये जो मर गई हैं,
कहीं, कुछ तो कमी होगी।।

कहाँ निकले बोये हुए बीज,
पक्का है बंजर[1] ज़मीं होगी।।

महल हैं ये तो अमीरों के,
कहाँ यहाँ झोपड़ी होगी।।

अभी तो हया[2] कुछ बची है,
दशा[3] कल और बुरी होगी।।

●●●

1. अनुपजाऊ, 2. शर्म, 3. स्थिति

120.
पहले जैसा लगता है

ज़माने बाद भी पहले जैसा लगता है।
सलीक़ा[1] यही उसका अच्छा लगता है।।

बूढ़ा हो जाए भला कितना भी आदमी,
माँ की नज़र में बस बच्चा लगता है।।

असर है ये माटी की ही ख़ुशबू का,
कच्चा घर भी जो पक्का लगता है।।

चलो कर लें हम भी थोड़ा-सा प्यार,
कहाँ इसमें कहीं, कोई पैसा लगता है।।

कितनी बार लड़खड़ाएं हैं क़दम उसके,
लेकिन धुन[2] का बड़ा पक्का[3] लगता है।।

पूत[4] कोई अपना, हो जाए जो कपूत[5] तो,
माँ-बाप के दिल को धक्का[6] लगता है।।

●●●

1. व्यवहार, 2. लगन, 3. दृढ़, 4. पुत्र, 5. नालायक पुत्र, 6. आघात

121.
शहर में है

शोर बहुत शहर में है।
सुकूँ[1] तो बस घर में है।।

क़दम अगर दें साथ तो,
मज़ा बड़ा सफ़र में है।।

रात तो थी महकी हुई,
ख़ुशबू तभी सहर[2] में है।।

रहता है जब वो दिलों में,
दिखता क्यूँ पत्थर में है।।

मरेगा कैसे दुश्मन कोई,
असर कहाँ ज़हर में है।।

ग़ज़लें तो सभी बे-बहर हैं,
ज़िंदगी लेकिन बहर[3] में है।।

बच्चों, बूढ़ों में फ़र्क़ क्या,
फ़ासला[4] बस उमर में है।।

●●●

1. शान्ति, 2. सुबह, 3. लय, 4. अंतर

122.
अस्त-व्यस्त रहा

जीवन भले ही अस्त-व्यस्त रहा।
लेकिन मैं यूँ ही अलमस्त[1] रहा।।

ग़ैरों ने तो दिया है संबल[2] ख़ूब,
अपनों से मगर सदा त्रस्त[3] रहा।।

बाहर से तो रहा स्वतंत्र बहुत,
अन्दर से लेकिन अंतर्ग्रस्त[4] रहा।।

घिरी ग़म की बदली ऐसी कि,
ख़ुशी का सूरज भी अस्त[5] रहा।।

बना वही है सरपरस्त[6] अपना,
जितना जो मौक़ापरस्त[7] रहा।।

उसी ने की सुराग़रसी[8] घर की,
गली में करता जो गश्त रहा।।

●●●

---

1. मतवाला, 2. सहारा, 3. परेशान, 4. फँसा हुआ, 5. डूबा हुआ, 6. संरक्षक, 7. अवसरवादी, 8. रेकी

123.
कितना चढ़ाव है

कितना उतार, कितना चढ़ाव है।
ये ज़िंदगी तो बस, इक नाव है।।

चल रही है हवा जिस तरफ़ को,
दरख़्तों[1] का उधर ही झुकाव है।।

अपनों ने किया है वार[2] जैसा,
गहरा वैसा ही मन में घाव है।।

उतरकर दरिया में जाना इतना,
गहराई है वहीं, कम जहाँ बहाव है।।

ढकेला जहाँ देह[3] के सौदाइयों[4] ने,
बिकती वहीं आज भी उमराव[5] है।।

आती तो है बदबू उसी आब[6] से,
आब में जहाँ कहीं भी ठहराव है।।

ज़र्रे-ज़र्रे[7] में भी तो रहता है ख़ुदा,
देखने का जुदा-जुदा बस भाव है।।

●●●

---

1. पेड़ों, 2. प्रहार, 3. शरीर, 4. व्यापारियों, 5. अवध की एक प्रसिद्ध तवायफ़, 6. पानी, 7. कण-कण

124.
गिरेबान देखिए

पहले तो अपना गिरेबान[1] देखिए।
सर उठाकर फिर आसमान देखिए।।

बात मज़हबी[2] तो ख़ूब करते हो तुम,
पढ़के तो कभी गीता-कुरान देखिए।।

जात-पात और मज़हब[3] के नाम पे,
बँट गया है कितना इंसान, देखिए।।

माटी के पुतले पर गुमान[4] है तुम्हें,
जाके कभी ज़रा श्मशान देखिए।।

यहाँ-वहाँ क्या बेवजह तलाशते हो,
दिल में ही बसे हैं भगवान, देखिए।।

बाग़ों में तो ख़ूब बहार है लेकिन,
आँगन हो गया है वीरान[5], देखिए।।

●●●

1. हैसियत, 2. धार्मिक, 3. धर्म, 4. घमण्ड, 5. उजाड़

125.
तो जानें

ग़रीबों को खिलाएं मक्खन-मलाई तो जानें।
दर्जा[1] उनको दें, अपने से सवाई[2] तो जानें।।

दे रहें सूखी रोटियाँ, समाज सेवा के नाम पे,
अपने हिस्से की दें, पूड़ी-रसमलाई तो जानें।।

ठण्ड से बचने को बाँट रहे हैं झीनी[3] चादर,
घर का अपने दे दें गद्दा-रजाई तो जानें।।

दुःख अपना ही दिखता है दुनिया में सबको,
साथ देखे जो अपने भी पीर-पराई[4] तो जानें।।

ग़रीबी-ग़रीबी कहने से ही क्या होगा भला,
बने कोई जो ग़रीबों का हातिमताई[5] तो जानें।।

दाम बढ़ने से फ़र्क़ पड़ता नहीं है अमीरों पे,
दूर करे अपने देश से जो महँगाई तो जानें।।

बातें तो करते हैं धन्ना-सेठों की वो अक्सर,
लड़ें कभी जो ग़रीबों की भी लड़ाई तो जानें।।

●●●

1. स्थान, 2. सवा गुना, 3. बहुत पतली, 4. दूसरे का कष्ट,
5. छठीं शताब्दी के एक प्रसिद्ध अरबी शासक और कवि, जो अपनी उदारता के लिए प्रसिद्ध थे।

126.
वक़्त के मारे हुए

जो थे मुद्दत से वक़्त के मारे हुए।
आज फिर रोशन उनके सितारे हुए।।

इस तरह मना रहे हैं जश्न[1] वे सभी,
कि नहीं लग रहा है कि, हैं हारे हुए।।

मन की मुराद[2] फिर अब जग गई है,
जिनको थे वर्षों से सब बिसारे[3] हुए।।

जीतकर भी बाज़ी वो ऐसे मायूस हैं,
कि लग रहा है कि, वही हैं हारे हुए।।

डूबो देना ही जिनकी फ़ितरत[4] रही,
डगमगाती कश्ती के वही सहारे हुए।।

जिनको समझते रहे माँझी[5] हम अपना,
छिटक कर वही तो हमसे किनारे हुए।।

●●●

(रचना तिथि–04.06.2024, 18वीं लोकसभा के चुनाव-परिणाम पर)

विशेष–विदित हो कि प्रसिद्ध हिन्दी चैनल 'भारत समाचार' ने समसामयिक इस पूरी रचना को अपने एक राष्ट्रीय-कार्यक्रम में उद्धृत किया हुआ है।

---

1. उत्सव, 2. इच्छा, 3. भूले, 4. स्वभाव, 4. नाविक

127.
किस बात का रोना है

सर पे हो हाथ तो किस बात का रोना है।
आपके वज़ूद[1] से महकता, कोना-कोना है।।

लोग समझते हैं जिसे मिट्टी का खिलौना,
मेरी नज़र में तो वही बस, खरा सोना है।।

थपकियों ने आपके दिया है हौसला बहुत,
आपके हाथ में जैसे कोई जादू-टोना है।।

आमद[2] आपकी देती है बहुत तसल्ली हमें,
कहते हैं जब यह कि 'उदास नहीं होना है'।।

जब तलक है सर पे मेरे साया[3] ये आपका,
जानता हूँ, चैन की नींद ही हमें सोना है।।

महके यश[4] आपका ज़माने में सदियों तक,
ज़मीं में बीज हमें कोई, ऐसा ही बोना है।।

●●●

(रचनाकाल–18.06.2023, 'फादर्स-डे' के अवसर पर, गाँव से पिता जी के लखनऊ आगमन पर)

---

1. अस्तित्व, 2. उपस्थिति, 3. संरक्षण, 4. ख़्याति

128.
गाँव छोड़ आया हूँ

बहुत ग़मज़दा[1] हूँ कि अपना गाँव छोड़ आया हूँ।
माँ की यादें और पिता की छाँव[2] छोड़ आया हूँ।।

छोड़ आया हूँ कई रिश्तों, नातों और बन्धनों को,
लग रहा है कि अपना एक पाँव छोड़ आया हूँ।।

ज़िंदगी का बेड़ा[3] भला कैसे होगा पार अब यहाँ,
मैं तो नदी के किनारे, अपनी नाव छोड़ आया हूँ।।

पत्थर के इस शहर में तो शोर ही शोर है बहुत,
मैं अपने बाग़ में, कोयल की ठाँव[4] छोड़ आया हूँ।।

मात देने में तो माहिर है हर शख़्स, शहर का,
मैं तो जीता हुआ अपना दाँव[5] छोड़ आया हूँ।।

कहने को हर मोड़ पे चकाचौंध है यहाँ लेकिन,
मायूस हूँ अपना 'जमुहर–पड़ाव'[6] छोड़ आया हूँ।।

●●●

---

1. दु:खी, 2. आसरा, 3. मुसीबत, 4. ठीकाना, 5. बाज़ी, 6. मेरे गाँव के पास की एक छोटी-सी बाज़ार।

129.
निभा रहे हो तुम

माटी का रिश्ता तो ख़ूब निभा रहे हो तुम।
अच्छा है कि शहर से गाँव आ रहे हो तुम।।

बैठकर सीखा था जिस दालान[1] में ककहरा[2],
सुना है उसमें रंग-रोगन लगवा रहे हो तुम।।

चौखट पे जिस मंदिर के टेकते थे तुम माथा,
फ़ख़्र[3] है उसका जीर्णोद्धार[4] करवा रहे हो तुम।।

छाँव मिली थी तुम्हें गाँव के जिस पेड़ तले,
ख़ुश हूँ, उसका चबूतरा बनवा रहे हो तुम।।

संगे-साथियों संग बीता था जिनके बचपन,
देख रहा हूँ साथ उनके मुस्करा रहे हो तुम।।

पढ़-लिखकर गाँव लौटे, अच्छा किया बेटे,
भूले-भटकों को राह तो दिखा रहे हो तुम।।

मेरा आशीष[5] है ख़ूब फूलो-फलो, मेरे लाल[6],
आख़िर, देहरी[7] पे चिराग़ जला रहे हो तुम।।

●●●

---

1. बरामदा, 2. वर्णमाला, 3. गर्व, 4. मरम्मत, 5. आशीर्वाद, 6. बेटा, 7. दहलीज़

130.

हम हैं उड़ान पर

आजकल हम हैं उड़ान पर।
ज़मीं से दूर, आसमान पर।।

हैरत-ए-नज़र[1] है दुनिया की,
हमारे ही इस अभियान पर।।

चाँद की बातें अब छोड़ो भी,
चढ़े हैं हम तो मंगलयान पर।।

नाप रहे हैं अब हम भी आसमाँ,
नाज़[2] है हमें अपने विज्ञान पर।।

भेद[3] रहा हूँ लक्ष्य मैं अपना,
निशाना है, सही निशान पर।।

हम मर मिटने वाले लोग हैं,
अपनी आन-बान-शान पर।।

कुछ भी कर ले इंसाँ लेकिन,
मुनहसिर[4] है वो भगवान पर।।

●●●

1. आश्चर्य से भरी दृष्टि, 2. गर्व, 3. छेदना, 4. आश्रित

(भाग-4)

बिखरे मोती...

131.

इक मेरी तमन्ना है, इक ज़िद तुम्हारी है,
बोलो तुम्हीं! ये रिश्ते कैसे मुस्कुराएंगे?
वीरानगी छाई हो, जब किसी चमन में,
बताओ! फूल कोई, कैसे खिलखिलाएंगे?

132.

जिस शय[1] की ख़्वाहिश थी तुमसे,
बिकती नहीं वह शय बाज़ारों में।
वरना ख़रीद लाता मैं वो कब का,
नाम होता शहर के ख़रीदारों में।।

1. वस्तु

133.

अँधेरा तो बहुत हो गया,
तुम्हारे चले जाने के बाद।
पर अपने उजालों को तुम,
यूँ ही सब पे बिखेरते रहना।।

07.04.2021

134.

फ़ना तो हो गए परवाने कई,
शमा लेकिन वो जलती रही।
मौत तो आई कई बार हमें भी,
ज़िंदगी लेकिन यूँ ही चलती रही।।

21.04.2021

135.

ता-उम्र बुनता रहा बस एक ही ख़्वाब,
कि हाथ पकड़कर चलूँ मैं उसके साथ।
आज मुद्दतों बाद वो घड़ी आई भी तो,
हमीं 'कोरोनटाइन' हो गये 'कोविड' में।।

22.04.2021

136.

रिहा[1] होने की उम्मीद में,
कब से था मैं भला।
मगर ये कौन फिर हमें,
क़ैद की सज़ा दे गया।।

1. मुक्त

25.04.2021

137.

चलो काग़ज़ों पर ही सही,
इक तरह से हम ज़िंदा तो हैं।
नहीं तो जीते जी कई यहाँ,
दुनिया से फ़ना हो गए हैं।।

26.04.2021

138.

नहीं सूझ रहा है कुछ कि, मैं क्या करूँ,
फ़र्ज़[1] कहाँ-कहाँ, कैसे-कैसे अदा करूँ।
एक था तुमपे भरोसा, वह भी टूट गया,
बताओ अब, पत्थर को कैसे आईना करूँ।।

1. कर्तव्य 05.05.2021

139.

मुझपे यूँ ही न मुस्कुराओ,
कल वक़्त मेरा भी आएगा।
कट जाएगी ये अँधेरी रात भी,
हँसता नया सवेरा भी आएगा।।

140.

इक दिन की क्या बात करूँ,
हर इक दिन है आप ही का।
आप ही से रोशन है दुनिया मेरी,
आप ही से तो है, वजूद[1] हमारा।।

1. अस्तित्व

141.

चलो कोई दीया ऐसा जलाया जाए,
दिलों में फैले तम[1] को मिटाया जाए।
तीरगी[1] दिखने न पाये कहीं ज़मीं पे,
रोशनी को इस तरह फैलाया जाए।।

1. अँधेरा

142.

वक़्त ने पहुँचा दिया हमें ऐसे मक़ाम[1] तक।
कि याद भी न रहा हमें अपना नाम तक।।
न साथ उसकी यादें, न उसका आँचल रहा,
लेकिन पहुँच गया मैं, अपने अजांम[2] तक।।

1. स्थान, 2. परिणाम

143.

गुज़र गया यह साल भी, गुल-ओ-ग़ुबार लिए,
और हम मुस्कुराते रहे, एक हँसी उधार लिए।
चाहता हूँ अमन-चैन के ही फूल खिलें चमन में,
पर सावधान उनसे भी, जो खड़े हैं हथियार लिए।।

144.

ये दुनिया की सारी रंगत[1], तुम्हीं से है,
जो तुम नहीं तो; सब बेरंग, बेनूर हैं।।

1. आनन्द

22.04.2021

145.

हमसे ही तो लगी ये सारी बाज़ार है,
हम नहीं तो, सभी बेज़ार हो जाएंगे।।

23.04.2021

146.

लगता है ऐसा, जैसे कल की ही बात हो,
ज़माना गुज़रने में भला वक़्त कहाँ लगता है।।

147.

देखने भर से ही जिसके, आ जाए क़रार[1],
समझिए वही आँखों का नूर[2], वही प्यार है।।

1. चैन, 2. रोशनी

148.

ये हमारी मोहब्बत जब जवाँ होगी तो होगी,
हम अभी से वस्ल[1] की तमन्ना क्यूँ पालें।।

1. मिलन

149.

मुस्तकिल[1] यहाँ कुछ भी नहीं,
इरादे रोज़ बनते-बिगड़ते हैं।।

1. स्थिर

150.

आईने ने कुछ तो ज़रूर कहा दबी ज़ुबान में,
कि पत्थर ने बदल ली सारी सीरत[1] अपनी।।

1. स्वभाव

151.

आइए, एक ऐसे रंग में रंग जाएँ, हम सभी।
कि फिर कोई और रंग न चढ़े, हम पर कभी।।

152.

आजकल बहुत लोग हैं वहाँ दहशत[1] में,
मिला कुछ भी नहीं उन्हें, मोहब्बत में।।

1. भय

(बांग्लादेश के वर्तमान हालात पर, दिनांक 27.11.2024)

●●●